행복을 부르는
법화경 사경 3

행복을 부르는
법화경 사경 3

혜조 惠照 譯

은주사

묘법연화경 제一권	제1 서품	9
	제2 방편품	111
묘법연화경 제二권	제3 비유품	7
	제4 신해품	170
묘법연화경 제三권	제5 약초유품	7
	제6 수기품	49
	제7 화성유품	95
묘법연화경 제四권	제8 오백제자수기품	7
	제9 수학무학인기품	64
	제10 법사품	95
	제11 견보탑품	148
	제12 제바달다품	213
	제13 권지품	256
묘법연화경 제五권	제14 안락행품	7
	제15 종지용출품	87
	제16 여래수량품	155
	제17 분별공덕품	205
묘법연화경 제六권	제18 수희공덕품	7
	제19 법사공덕품	39
	제20 상불경보살품	113
	제21 여래신력품	150
	제22 촉루품	178
	제23 약왕보살본사품	190
묘법연화경 제七권	제24 묘음보살품	7
	제25 관세음보살보문품	58
	제26 다라니품	108
	제27 묘장엄왕본사품	139
	제28 보현보살권발품	181

제	오		약	초	유	품		
第	五		藥	草	喩	品		
차례 제	다섯 오		약 약	풀 초	비유할 유	가지 품		

이	시	세	존		고	마	하	가	섭
爾	時	世	尊		告	摩	訶	迦	葉
그 이	때 시	세상 세	높을 존		알릴 고	갈 마	꾸짖을 가(하)	막을 가	잎 엽(섭)

급	제	대	제	자		선	재	선	재
及	諸	大	弟	子		善	哉	善	哉
및 급	모든 제	큰 대	아우 제	아들 자		착할 선	어조사 재	착할 선	어조사 재

가	섭		선	설	여	래		진	실
迦	葉		善	說	如	來		眞	實
막을 가	잎 엽(섭)		착할 선	말씀 설	같을 여	올 래		참 진	진실 실

공	덕		성	여	소	언		여	래
功	德		誠	如	所	言		如	來
공 공	덕 덕		정성 성	같을 여	바 소	말씀 언		같을 여	올 래

제5 약초유품
그때에 세존께서 마하가섭과 여러 큰 제자들에게 이르시었다.
"착하고 착하도다, 가섭아! 여래의 진실한 공덕에 대해 잘 말하였나니,
진실로 네가 말한 바와 같도다. 더욱이 여래는

부	유	무	량	무	변		아	승	기
復	有	無	量	無	邊		阿	僧	祇
다시 부	있을 유	없을 무	헤아릴 량	없을 무	가변		언덕 아	중 승	토지신 기

공	덕		여	등		약	어	무	량
功	德		汝	等		若	於	無	量
공 공	덕 덕		너 여	무리 등		만약 약	어조사 어	없을 무	헤아릴 량

억	겁		설	불	능	진		가	섭
億	劫		說	不	能	盡		迦	葉
억 억	겁 겁		말씀 설	아닐 불	능할 능	다할 진		막을 가	잎 엽(섭)

당	지		여	래		시	제	법	지
當	知		如	來		是	諸	法	之
마땅히 당	알 지		같을 여	올 래		이 시	모든 제	법 법	어조사 지

왕		약	유	소	설		개	불	허
王		若	有	所	說		皆	不	虛
임금 왕		만약 약	있을 유	바 소	말씀 설		다 개	아닐 불	빌 허

다시 한량없고 그지없는 아승기의 수많은 공덕을 가지고 있으니,
너희들이 설사 한량없는 억 겁 동안 그것에 대해 말한다 하더라도
다 말할 수 없느니라. 가섭아! 마땅히 잘 명심할지니,
여래는 모든 법의 왕으로 설법하는 내용들이 전부 그릇되지 않느니라.

야		어	일	체	법		이	지	방
也		於	一	切	法		以	智	方
어조사 야		어조사 어	한 일	모두 체	법 법		써 이	슬기 지	처방 방

편		이	연	설	지		기	소	설
便		而	演	說	之		其	所	說
편할 편		말이을 이	펼 연	말씀 설	어조사 지		그 기	바 소	말씀 설

법		개	실	도	어	일	체	지	지
法		皆	悉	到	於	一	切	智	地
법 법		다 개	다 실	이를 도	어조사 어	한 일	모두 체	슬기 지	땅 지

여	래	관	지		일	체	제	법	
如	來	觀	知		一	切	諸	法	
같을 여	올 래	볼 관	알 지		한 일	모두 체	모든 제	법 법	

지	소	귀	취		역	지	일	체	중
之	所	歸	趣		亦	知	一	切	衆
어조사 지	바 소	돌아갈 귀	향할 취		또 역	알 지	한 일	모두 체	무리 중

모든 법을 지혜로운 방편으로써 연설하나니,
설법한 내용들이 전부 일체지의 경지에 이르게 하느니라.
여래는 모든 법이 돌아가는 곳을 잘 살펴서 알고,
또한 일체 중생들이

생		심	심	소	행		통	달	무
生		深	心	所	行		通	達	無
날 생		깊을 심	마음 심	바 소	행할 행		통할 통	통달할 달	없을 무

애		우	어	제	법		구	진	명
礙		又	於	諸	法		究	盡	明
거리낄 애		또 우	어조사 어	모든 제	법 법		궁구할 구	다할 진	밝을 명

료		시	제	중	생		일	체	지
了		示	諸	衆	生		一	切	智
깨달을 료		보일 시	모든 제	무리 중	날 생		한 일	모두 체	슬기 지

혜		가	섭		비	여	삼	천	대
慧		迦	葉		譬	如	三	千	大
지혜 혜		막을 가	잎 엽(섭)		비유할 비	같을 여	석 삼	일천 천	큰 대

천	세	계		산	천	계	곡		토
千	世	界		山	川	谿	谷		土
일천 천	세상 세	지경 계		뫼 산	내 천	시내 계	골 곡		흙 토

마음속으로 짓는 바를 알되 모두 통달하여 걸림이 없느니라.
또 일체 법을 구경까지 다 밝게 알아서
모든 중생들에게 일체지혜를 보여주느니라.
가섭아! 가령 삼천대천세계의 산과 내와 계곡

지	소	생		훼	목	총	림		급
地	所	生		卉	木	叢	林		及
땅지	바소	날생		풀훼	나무목	모일총	수풀림		및급

제	약	초		종	류	약	간		명
諸	藥	草		種	類	若	干		名
모든 제	약 약	풀 초		종류 종	무리 류	같을 약	방패 간		이름 명

색	각	이		밀	운	미	포		변
色	各	異		密	雲	彌	布		遍
빛 색	각각 각	다를 이		빽빽할 밀	구름 운	두루찰 미	베풀 포		두루 편(변)

부	삼	천	대	천	세	계		일	시
覆	三	千	大	千	世	界		一	時
덮을 부	석 삼	일천 천	큰 대	일천 천	세상 세	지경 계		한 일	때 시

등	주		기	택	보	흡		훼	목
等	澍		其	澤	普	洽		卉	木
같을 등	단비 주		그 기	윤택할 택	널리 보	윤택할 흡		풀 훼	나무 목

그리고 땅 위에서 자라는 초목과 숲속 여러 약초들은
그 종류가 여러 가지이며 이름과 모양도 각각 다르니라.
짙은 먹구름이 가득 퍼져서 삼천대천의 온 세계를 두루 덮고
일시에 큰비가 흡족하게 내리면,

총	림		급	제	약	초		소	근
叢	林		及	諸	藥	草		小	根
모일 총	수풀 림		및 급	모든 제	약 약	풀 초		작을 소	뿌리 근

소	경		소	지	소	엽		중	근
小	莖		小	枝	小	葉		中	根
작을 소	줄기 경		작을 소	가지 지	작을 소	잎 엽		가운데 중	뿌리 근

중	경		중	지	중	엽		대	근
中	莖		中	枝	中	葉		大	根
가운데 중	줄기 경		가운데 중	가지 지	가운데 중	잎 엽		큰 대	뿌리 근

대	경		대	지	대	엽		제	수
大	莖		大	枝	大	葉		諸	樹
큰 대	줄기 경		큰 대	가지 지	큰 대	잎 엽		모든 제	나무 수

대	소		수	상	중	하		각	유
大	小		隨	上	中	下		各	有
큰 대	작을 소		따를 수	위 상	가운데 중	아래 하		각각 각	있을 유

초목과 숲 속 모든 약초들의 작은 뿌리·줄기·가지·잎사귀와
중간 뿌리·줄기·가지·잎사귀와 큰 뿌리·줄기·가지·잎사귀들이
저마다 골고루 젖게 마련이니라.
그렇지만 크고 작은 모든 나무들은 상·중·하의 크기를 따라서,

소	수		일	운	소	우		칭	기
所	受		一	雲	所	雨		稱	其
바 소	받을 수		한 일	구름 운	바 소	비 우		맞을 칭	그 기

종	성		이	득	생	장		화	과
種	性		而	得	生	長		華	果
종류 종	성품 성		말이을 이	얻을 득	날 생	길 장		꽃 화	실과 과

부	실		수	일	지	소	생		일
敷	實		雖	一	地	所	生		一
펼 부	열매 실		비록 수	한 일	땅 지	바 소	날 생		한 일

우	소	윤		이	제	초	목		각
雨	所	潤		而	諸	草	木		各
비 우	바 소	젖을 윤		말이을 이	모든 제	풀 초	나무 목		각각 각

유	차	별		가	섭	당	지		여
有	差	別		迦	葉	當	知		如
있을 유	어긋날 차	다를 별		막을 가	잎 엽(섭)	마땅히 당	알 지		같을 여

제각기 서로 다르게 비를 받아들이느니라. 똑같이 한 구름에서 내리는 비를 맞으나,
그 초목의 종류와 성질에 합당하게 비를 머금고 생장하며 꽃을 피우고 열매를 맺느니라.
다시 말해 비록 한 땅에서 자라나고 똑같이 비를 맞더라도,
모든 초목들은 각각 차별이 있느니라. 가섭아! 마땅히 잘 명심할지니,

래		역	부	여	시		출	현	어
來		亦	復	如	是		出	現	於
올 래		또 역	다시 부	같을 여	이 시		날 출	나타날 현	어조사 어

세		여	대	운	기		이	대	음
世		如	大	雲	起		以	大	音
세상 세		같을 여	큰 대	구름 운	일어날 기		써 이	큰 대	소리 음

성		보	변	세	계		천	인	아
聲		普	遍	世	界		天	人	阿
소리 성		널리 보	두루 편(변)	세상 세	지경 계		하늘 천	사람 인	언덕 아

수	라	여	피	대	운		변	부
修	羅	如	彼	大	雲		遍	覆
닦을 수	새그물 라	같을 여	저 피	큰 대	구름 운		두루 편(변)	덮을 부

삼	천	대	천	국	토		어	대	중
三	千	大	千	國	土		於	大	衆
석 삼	일천 천	큰 대	일천 천	나라 국	흙 토		어조사 어	큰 대	무리 중

여래도 또한 이와 같으니라. 즉 여래가 세상에 출현함은 커다란 구름이 일어난 것과 같고,
큰 음성으로써 널리 온 세계의 하늘천신과 사람과 아수라에게 두루 설법함은
마치 저 큰 구름이 삼천대천의 온 세계를 가득 덮은 것과도 같으니라.
그리고 대중 가운데에서

중		이	창	시	언		아	시	여
中		而	唱	是	言		我	是	如
가운데 중		말이을 이	부를 창	이 시	말씀 언		나 아	이 시	같을 여

래		응	공		정	변	지		명
來		應	供		正	遍	知		明
올 래		응당히 응	이바지할 공		바를 정	두루 편(변)	알 지		밝을 명

행	족		선	서		세	간	해
行	足		善	逝		世	間	解
행할 행	족할 족		착할 선	갈 서		세상 세	사이 간	풀 해

무	상	사		조	어	장	부		천
無	上	士		調	御	丈	夫		天
없을 무	위 상	선비 사		고를 조	길들일 어	어른 장	사나이 부		하늘 천

인	사		불	세	존		미	도	자
人	師		佛	世	尊		未	度	者
사람 인	스승 사		부처 불	세상 세	높을 존		아닐 미	건널 도	놈 자

이렇게 외치되,
'나는 여래·응공·정변지·명행족·선서·세간해·
무상사·조어장부·천인사·불세존이니라.
제도되지 못한 자를

영	도		미	해	자		영	해
令	度		未	解	者		令	解
하여금 영	건널 도		아닐 미	풀 해	놈 자		하여금 영	풀 해

미	안	자		영	안		미	열	반
未	安	者		令	安		未	涅	槃
아닐 미	편안할 안	놈 자		하여금 영	편안할 안		아닐 미	개흙 열	쟁반 반

자		영	득	열	반		금	세	후
者		令	得	涅	槃		今	世	後
놈 자		하여금 영	얻을 득	개흙 열	쟁반 반		이제 금	세상 세	뒤 후

세		여	실	지	지		아	시	일
世		如	實	知	之		我	是	一
세상 세		같을 여	진실 실	알 지	어조사 지		나 아	이 시	한 일

체	지	자		일	체	견	자		지
切	知	者		一	切	見	者		知
모두 체	알 지	놈 자		한 일	모두 체	볼 견	놈 자		알 지

제도시키고 이해하지 못하는 자를 이해시키며, 편안하지 못한 자를
편안하게 하고 열반을 얻지 못한 자로 하여금 열반을 얻게 하느니라.
지금 세상과 미래 세상을 있는 그대로 살피나니,
나는 일체를 아는 자인 동시에 모든 것을 보는 자이니라.

도	자		개	도	자		설	도	자
道	者		開	道	者		說	道	者
길도	놈자		열개	길도	놈자		말씀설	길도	놈자

여	등		천	인	아	수	라	중
汝	等		天	人	阿	修	羅	衆
너여	무리등		하늘천	사람인	언덕아	닦을수	새그물라	무리중

개	응	도	차		위	청	법	고
皆	應	到	此		爲	聽	法	故
다개	응당히응	이를도	이차		위할위	들을청	법법	연고고

이	시		무	수	천	만	억	종	중
爾	時		無	數	千	萬	億	種	衆
그이	때시		없을무	셀수	일천천	일만만	억억	종류종	무리중

생		내	지	불	소		이	청	법
生		來	至	佛	所		而	聽	法
날생		올내	이를지	부처불	곳소		말이을이	들을청	법법

즉 진리를 아는 자이며 진리를 여는 자이고 진리를 말하는 자이니라.
따라서 너희들 하늘천신과 사람과 아수라 대중들은
법을 듣기 위해 모두 이곳으로 모이도록 하라.'
그때에 무수한 천만억 종류의 중생들은 부처님 처소로 가서 법문을 듣고자 하리라.

여	래	우	시		관	시	중	생
如	來	于	時		觀	是	衆	生
같을여	올래	어조사우	때시		볼관	이시	무리중	날생

제	근	이	둔		정	진	해	태
諸	根	利	鈍		精	進	懈	怠
모든제	뿌리근	날카로울이	무딜둔		정미할정	나아갈진	게으를해	게으를태

수	기	소	감		이	위	설	법
隨	其	所	堪		而	爲	說	法
따를수	그기	바소	견딜감		말이을이	위할위	말씀설	법법

종	종	무	량		개	령	환	희
種	種	無	量		皆	令	歡	喜
종류종	종류종	없을무	헤아릴량		다개	하여금령	기쁠환	기쁠희

쾌	득	선	리		시	제	중	생
快	得	善	利		是	諸	衆	生
쾌할쾌	얻을득	착할선	이로울리		이시	모든제	무리중	날생

여래께서는 이때 그 모든 중생들의 근기가 영리한가 둔한가,
정진하는가 게으른가를 살피시어, 그들이 감당할 수 있는 정도에 맞게
여러 가지로 한량없이 설법하느니라. 그리하여 그들 모두로 하여금 기쁘고
즐겁게 하는 것은 물론, 아주 좋은 이익을 얻게 하시느니라. 그 모든 중생들이

문	시	법	이		현	세	안	은
聞	是	法	已		現	世	安	隱
들을 문	이 시	법 법	마칠 이		지금 현	세상 세	편안할 안	편안할 은

후	생	선	처		이	도	수	락
後	生	善	處		以	道	受	樂
뒤 후	날 생	착할 선	곳 처		써 이	길 도	받을 수	즐길 락

역	득	문	법		기	문	법	이
亦	得	聞	法		旣	聞	法	已
또 역	얻을 득	들을 문	법 법		이미 기	들을 문	법 법	마칠 이

이	제	장	애		어	제	법	중
離	諸	障	礙		於	諸	法	中
떠날 이	모든 제	막을 장	거리낄 애		어조사 어	모든 제	법 법	가운데 중

임	력	소	능		점	득	입	도
任	力	所	能		漸	得	入	道
맡길 임	힘 력	바 소	능할 능		점점 점	얻을 득	들 입	길 도

법을 듣고 나면 살아 있을 때 안락하고 죽은 다음에도 좋은 곳에 태어나게 되거늘,
진리로써 즐거움을 삼으니 또한 자연 법을 듣게 되느니라.
법을 듣고 난 다음에는 모든 장애를 여의고 모든 법 가운데에서
그 능력에 따라 점차 진리에 들어가게 되느니라.

여	피	대	운		우	어	일	체
如	彼	大	雲		雨	於	一	切
같을 여	저 피	큰 대	구름 운		비 우	어조사 어	한 일	모두 체

훼	목	총	림		급	제	약	초
卉	木	叢	林		及	諸	藥	草
풀 훼	나무 목	모일 총	수풀 림		및 급	모든 제	약 약	풀 초

여	기	종	성		구	족	몽	윤
如	其	種	性		具	足	蒙	潤
같을 여	그 기	종류 종	성품 성		갖출 구	족할 족	입을 몽	젖을 윤

각	득	생	장		여	래	설	법
各	得	生	長		如	來	說	法
각각 각	얻을 득	날 생	길 장		같을 여	올 래	말씀 설	법 법

일	상	일	미		소	위		해	탈
一	相	一	味		所	謂		解	脫
한 일	모양 상	한 일	맛 미		바 소	이를 위		풀 해	벗을 탈

마치 저 커다란 구름이 일체 초목과 숲 속 모든 약초들에 비를 뿌리면,
약초들은 그 종류와 성질에 맞게 흡족히 비를 맞으며
제각각 다르게 생장하는 것과 같으니라. 여래의 설법은
한 모양이며 한 맛이니, 이른바 해탈한 모양이며

상	이	상	멸	상		구	경
相	離	相	滅	相		究	竟
모양상	떠날이	모양상	멸할멸	모양상		궁구할구	다할경

지	어	일	체	종	지	기	유	중
至	於	一	切	種	智	其	有	衆
이를지	어조사어	한일	모두체	종류종	슬기지	그기	있을유	무리중

생	문	여	래	법		약	지	독
生	聞	如	來	法		若	持	讀
날생	들을문	같을여	올래	법법		만약약	가질지	읽을독

송	여	설	수	행		소	득	공
誦	如	說	修	行		所	得	功
외울송	같을여	말씀설	닦을수	행할행		바소	얻을득	공공

덕	부	자	각	지		소	이	자
德	不	自	覺	知		所	以	者
덕덕	아닐부	스스로자	깨달을각	알지		바소	써이	놈자

번뇌를 떠난 모양이고 고통이 사라진 모양으로
구경에는 일체종지에 이르게 하느니라. 그리하여 어떤 중생이
여래의 법문을 듣고는 수지하여 읽고 외우고 설한 대로 수행한다면,
그가 얻게 되는 공덕은 본인 스스로도 알 수 없을 정도로 많으리라. 왜냐하면

하		유	유	여	래		지	차	중
何		唯	有	如	來		知	此	衆
어찌 하		오직 유	있을 유	같을 여	올 래		알 지	이 차	무리 중

생		종	상	체	성		염	하	사
生		種	相	體	性		念	何	事
날 생		종류 종	모양 상	몸 체	성품 성		생각할 염	어찌 하	일 사

사	하	사		수	하	사		운	하
思	何	事		修	何	事		云	何
생각할 사	어찌 하	일 사		닦을 수	어찌 하	일 사		이를 운	어찌 하

념		운	하	사		운	하	수
念		云	何	思		云	何	修
생각할 념		이를 운	어찌 하	생각할 사		이를 운	어찌 하	닦을 수

이	하	법	념		이	하	법	사
以	何	法	念		以	何	法	思
써 이	어찌 하	법 법	생각할 념		써 이	어찌 하	법 법	생각할 사

오직 여래만이 그 중생의 종류와 모양과 본질과 성품을 아시기 때문이니라.
그래서 중생이 무슨 일을 기억하고 무슨 일을 생각하며 무슨 일을 수행하는지,
어떻게 기억하고 어떻게 생각하며 어떻게 수행하는지,
무슨 법으로써 기억하고 무슨 법으로써 생각하며

이	하	법	수		이	하	법	득	하
以	何	法	修		以	何	法	得	何
써 이	어찌 하	법 법	닦을 수		써 이	어찌 하	법 법	얻을 득	어찌 하

법		중	생		주	어	종	종	지
法		衆	生		住	於	種	種	之
법 법		무리 중	날 생		머물 주	어조사 어	종류 종	종류 종	어조사 지

지		유	유	여	래		여	실	견
地		唯	有	如	來		如	實	見
땅 지		오직 유	있을 유	같을 여	올 래		같을 여	진실 실	볼 견

지		명	료	무	애		여	피	훼
之		明	了	無	礙		如	彼	卉
어조사 지		밝을 명	깨달을 료	없을 무	거리낄 애		같을 여	저 피	풀 훼

목	총	림		제	약	초	등		이
木	叢	林		諸	藥	草	等		而
나무 목	모일 총	수풀 림		모든 제	약 약	풀 초	무리 등		말이을 이

무슨 법으로써 수행하는지, 무슨 법으로써 어떤 법을 얻는지를 알 수 있느니라.
중생들이 각기 여러 가지 경지에 머물러 있는 것을
오직 여래만이 여실히 보고 밝게 알아 걸림이 없나니,
마치 저 초목과 숲 속 모든 약초들이

부	자	지		상	중	하	성		여
不	自	知		上	中	下	性		如
아닐 부	스스로 자	알 지		위 상	가운데 중	아래 하	성품 성		같을 여

래	지	시		일	상	일	미	지	법
來	知	是		一	相	一	味	之	法
올 래	알 지	이 시		한 일	모양 상	한 일	맛 미	어조사 지	법 법

소	위		해	탈	상		이	상	
所	謂		解	脫	相		離	相	
바 소	이를 위		풀 해	벗을 탈	모양 상		떠날 이	모양 상	

멸	상		구	경	열	반		상	적
滅	相		究	竟	涅	槃		常	寂
멸할 멸	모양 상		궁구할 구	다할 경	개흙 열	쟁반 반		항상 상	고요할 적

멸	상		종	귀	어	공		불	지
滅	相		終	歸	於	空		佛	知
멸할 멸	모양 상		마침내 종	돌아갈 귀	어조사 어	빌 공		부처 불	알 지

자기 스스로는 상·중·하의 성품을 알지 못하는 것과 같으니라.
여래는 한 모양이며 한 맛의 법을 아니, 이른바 해탈한 모양이며
번뇌를 떠난 모양이고 고통이 사라진 모양이며 구경의 열반이니
항상 적멸한 모양으로 마침내 공에 돌아가느니라.

시	이		관	중	생	심	욕		이
是	己		觀	衆	生	心	欲		而
이시	이미이		볼관	무리중	날생	마음심	욕심욕		말이을이

장	호	지		시	고		부	즉	위
將	護	之		是	故		不	卽	爲
장차장	보호할호	어조사지		이시	연고고		아닐부	곧즉	위할위

설		일	체	종	지		여	등	가
說		一	切	種	智		汝	等	迦
말씀설		한일	모두체	종류종	슬기지		너여	무리등	막을가

섭		심	위	희	유		능	지	여
葉		甚	爲	希	有		能	知	如
잎엽(섭)		심할심	할위	드물희	있을유		능할능	알지	같을여

래		수	의	설	법		능	신	능
來		隨	宜	說	法		能	信	能
올래		따를수	마땅할의	말씀설	법법		능할능	믿을신	능할능

> 부처님은 이를 다 아시지만 중생들이 마음으로 하고 싶어하는 것을 살피시고
> 그것을 보호하느라, 중생들에게 단번에 일체종지를 설하지 않는 것이니라.
> 가섭아, 여래가 근기에 맞게 설법한 것을 알고는
> 너희들이 믿고 수긍할 수 있다니 참으로 희유하구나.

수 受		소 所	이 以	자 者	하 何		제 諸	불 佛	세 世
받을수		바소	써이	놈자	어찌하		모든 제	부처 불	세상 세
존 尊		수 隨	의 宜	설 說	법 法		난 難	해 解	난 難
높을 존		따를 수	마땅할 의	말씀 설	법 법		어려울 난	풀 해	어려울 난
지 知		이 爾	시 時	세 世	존 尊		욕 欲	중 重	선 宣
알 지		그이	때 시	세상 세	높을 존		하고자할 욕	거듭할 중	베풀 선
차 此	의 義	이 而	설 說	게 偈	언 言			파 破	유 有
이 차	의미 의	말이을 이	말씀 설	게송 게	말씀 언			깨뜨릴 파	있을 유
법 法	왕 王	출 出	현 現	세 世	간 間			수 隨	중 眾
법 법	임금 왕	날 출	나타날 현	세상 세	사이 간			따를 수	무리 중

왜냐하면 모든 부처님 세존께서 근기에 맞게 설하신 법은
보통 이해하기도 어렵고 알기도 어렵기 때문이니라."
그때 세존께서 거듭 의미를 표현하시고자 게송으로 말씀하셨다.
　　존재의 있음을 무너뜨리는 법왕께서 세간에 출현하사

생	욕		종	종	설	법		여	래
生	欲		種	種	說	法		如	來
날생	욕심욕		종류종	종류종	말씀설	법법		같을여	올래

존	중		지	혜	심	원		구	묵
尊	重		智	慧	深	遠		久	黙
높을존	무거울중		슬기지	지혜혜	깊을심	멀원		오랠구	묵묵할묵

사	요		불	무	속	설		유	지
斯	要		不	務	速	說		有	智
이사	중요할요		아닐불	힘쓸무	빠를속	말씀설		있을유	슬기지

약	문		즉	능	신	해		무	지
若	聞		則	能	信	解		無	智
만약약	들을문		곧즉	능할능	믿을신	풀해		없을무	슬기지

의	회		즉	위	영	실		시	고
疑	悔		則	爲	永	失		是	故
의심할의	뉘우칠회		곧즉	할위	길영	잃을실		이시	연고고

우선 중생의 욕망에 따라 여러 가지로 법을 설하시니, 여래는 존귀하고
지혜도 매우 깊어서 오래도록 요긴한 법을 묵묵히 간직한 채 서둘러 말하지 않느니라.
왜냐하면 지혜로운 자가 들으면 곧 믿고 이해할 수 있으나
어리석은 자는 의심하여 영원히 공덕을 잃게 되기 때문이니라.

가	섭		수	력	위	설		이	종
迦	葉		隨	力	爲	說		以	種
막을 가	잎 엽(섭)		따를 수	힘 력	할 위	말씀 설		써 이	종류 종

종	연		영	득	정	견		가	섭
種	緣		令	得	正	見		迦	葉
종류 종	인연 연		하여금 영	얻을 득	바를 정	볼 견		막을 가	잎 엽(섭)

당	지		비	여	대	운		기	어
當	知		譬	如	大	雲		起	於
마땅히 당	알 지		비유할 비	같을 여	큰 대	구름 운		일어날 기	어조사 어

세	간		변	부	일	체		혜	운
世	間		遍	覆	一	切		慧	雲
세상 세	사이 간		두루 편(변)	덮을 부	한 일	모두 체		지혜 혜	구름 운

함	윤		전	광	황	요		뇌	성
含	潤		電	光	晃	曜		雷	聲
머금을 함	젖을 윤		번개 전	빛 광	밝을 황	빛날 요		우레 뇌	소리 성

그러므로 가섭아, 여래는 능력에 맞게 설법하되 여러 가지 인연으로써
바른 견해를 얻게 하느니라. 가섭아! 마땅히 명심할지니
가령 큰 구름이 세간에 일어나 일체 모든 것을 두루 덮으매,
지혜의 구름이 비를 품고 번갯불은 번쩍이며

원	진		영	중	열	예		일	광
遠	震		令	衆	悅	豫		日	光
멀 원	진동할 진		하여금 영	무리 중	기쁠 열	기쁠 예		해 일	빛 광

엄	폐		지	상	청	량		애	체
掩	蔽		地	上	淸	涼		靉	靆
가릴 엄	덮을 폐		땅 지	위 상	맑을 청	서늘할 량		구름낄 애	구름낄 체

수	포		여	가	승	람		기	우
垂	布		如	可	承	攬		其	雨
드리울 수	베풀 포		같을 여	가히 가	이을 승	잡을 람		그 기	비 우

보	등		사	방	구	하		유	주
普	等		四	方	俱	下		流	澍
널리 보	같을 등		넉 사	방위 방	함께 구	내릴 하		흐를 유	단비 주

무	량		솔	토	충	흡		산	천
無	量		率	土	充	洽		山	川
없을 무	헤아릴 량		다 솔	흙 토	찰 충	윤택할 흡		뫼 산	내 천

우레 소리 멀리까지 진동하여 대중들을 즐겁게 하고,
햇빛이 가려져서 땅 위가 맑고 서늘해지며 비구름 뭉글뭉글
낮게 깔리어 가히 손에 잡힐 듯하매, 두루 평등하게 비 뿌리거늘
사방으로 함께 내려서 한량없이 흘러들어 온 국토에 흡족해지면,

험	곡		유	수	소	생		훼	목
險	谷		幽	邃	所	生		卉	木
험할험	골곡		그윽할유	깊을수	바소	날생		풀훼	나무목

약	초		대	소	제	수		백	곡
藥	草		大	小	諸	樹		百	穀
약약	풀초		큰대	작을소	모든제	나무수		일백백	곡식곡

묘	가		감	자	포	도		우	지
苗	稼		甘	蔗	蒲	萄		雨	之
싹묘	심을가		달감	사탕수수자	부들포	포도도		비우	어조사지

소	윤		무	불	풍	족		건	지
所	潤		無	不	豊	足		乾	地
바소	젖을윤		없을무	아닐불	풍성할풍	족할족		마를건	땅지

보	흡		약	목	병	무		기	운
普	洽		藥	木	竝	茂		其	雲
널리보	윤택할흡		약약	나무목	아우를병	우거질무		그기	구름운

> 산천의 험한 골짜기와 그윽하고 깊숙한 데서 자라나는
> 초목과 약초와 크고 작은 모든 나무들과 온갖 곡식의 싹과
> 감자며 포도들이 단비 맞고 촉촉해져서 모두 풍족해지고
> 마른 땅이 고루 젖으니 약초도 나무도 무성해지며,

소	출		일	미	지	수		초	목
所	出		一	味	之	水		草	木
바소	날출		한일	맛미	어조사지	물수		풀초	나무목
총	림		수	분	수	윤		일	체
叢	林		隨	分	受	潤		一	切
모일총	수풀림		따를수	나눌분	받을수	젖을윤		한일	모두체
제	수		상	중	하	등		칭	기
諸	樹		上	中	下	等		稱	其
모든제	나무수		위상	가운데중	아래하	무리등		맞을칭	그기
대	소		각	득	생	장		근	경
大	小		各	得	生	長		根	莖
큰대	작을소		각각각	얻을득	날생	길장		뿌리근	줄기경
지	엽		화	과	광	색		일	우
枝	葉		華	果	光	色		一	雨
가지지	잎엽		꽃화	실과과	빛광	빛색		한일	비우

구름에서 내리는 한 맛의 물줄기에 초목과 수풀이
제 분수 따라 비를 머금어 모든 나무들 상·중·하의
크고 작은 것에 맞게 제각기 생장함을 얻느니라.
뿌리와 줄기, 가지와 잎사귀, 꽃과 열매의 빛깔과 모양이

소	급		개	득	선	택		여	기
所	及		皆	得	鮮	澤		如	其
바 소	미칠 급		다 개	얻을 득	고울 선	윤택할 택		같을 여	그 기

체	상		성	분	대	소		소	윤
體	相		性	分	大	小		所	潤
몸 체	모양 상		성품 성	나눌 분	큰 대	작을 소		바 소	젖을 윤

시	일		이	각	자	무		불	역
是	一		而	各	滋	茂		佛	亦
이 시	한 일		말이을 이	각각 각	불을 자	우거질 무		부처 불	또 역

여	시		출	현	어	세		비	여
如	是		出	現	於	世		譬	如
같을 여	이 시		날 출	나타날 현	어조사 어	세상 세		비유할 비	같을 여

대	운		보	부	일	체		기	출
大	雲		普	覆	一	切		旣	出
큰 대	구름 운		널리 보	덮을 부	한 일	모두 체		이미 기	날 출

> 똑같은 비의 혜택을 받아 모두 싱그럽게 윤택해지는 것은 사실이나,
> 그 본질과 모양과 성품에 있어서는 저마다 크고 작은 차이가 있듯이
> 비를 맞아 윤택해지는 건 같더라도 무성해지는 건 각각 다르니라.
> 부처님도 이와 같아서 세상에 출현하심은 비유컨대 큰 구름이 널리 일체를 덮는 것과 같거늘,

우	세		위	제	중	생		분	별
于	世		爲	諸	衆	生		分	別
어조사 우	세상 세		위할 위	모든 제	무리 중	날 생		나눌 분	나눌 별

연	설		제	법	지	실		대	성
演	說		諸	法	之	實		大	聖
펼 연	말씀 설		모든 제	법 법	어조사 지	진실 실		큰 대	성인 성

세	존		어	제	천	인		일	체
世	尊		於	諸	天	人		一	切
세상 세	높을 존		어조사 어	모든 제	하늘 천	사람 인		한 일	모두 체

중	중		이	선	시	언		아	위
衆	中		而	宣	是	言		我	爲
무리 중	가운데 중		말이을 이	베풀 선	이 시	말씀 언		나 아	할 위

여	래		양	족	지	존		출	우
如	來		兩	足	之	尊		出	于
같을 여	올 래		두 양	족할 족	어조사 지	높을 존		날 출	어조사 우

이 세상에 오신 뒤엔 여러 중생들을 위해 모든 법의 실상을
분별해서 연설하느니라. 큰 성인 세존께서
모든 하늘천신과 사람 일체 중생들 가운데 선언하시되,
'나는 여래이며 지혜 자비가 충만한 양족존이라.

세	간		유	여	대	운		충	윤
世	間		猶	如	大	雲		充	潤
세상 세	사이 간		같을 유	같을 여	큰 대	구름 운		찰 충	젖을 윤

일	체		고	고	중	생		개	령
一	切		枯	槁	衆	生		皆	令
한 일	모두 체		마를 고	마를 고	무리 중	날 생		다 개	하여금 령

이	고		득	안	은	락		세	간
離	苦		得	安	隱	樂		世	間
떠날 이	괴로울 고		얻을 득	편안할 안	편안할 은	즐길 락		세상 세	사이 간

지	락		급	열	반	락		제	천
之	樂		及	涅	槃	樂		諸	天
어조사 지	즐길 락		및 급	개흙 열	쟁반 반	즐길 락		모든 제	하늘 천

인	중		일	심	선	청		개	응
人	衆		一	心	善	聽		皆	應
사람 인	무리 중		한 일	마음 심	착할 선	들을 청		다 개	응당히 응

> 내가 세간에 출현한 것은 큰 구름이 일체를 적셔주는 것과 같아서,
> 마르고 야위고 생기 없는 중생들 모두 고통을 여의고
> 편안한 즐거움과 세간의 즐거움 열반의 즐거움을 얻게 하려는 것이니,
> 모든 하늘천신과 사람들은 일심으로 자세히 듣고

도	차		근	무	상	존		아	위
到	此		觀	無	上	尊		我	爲
이를도	이차		볼근	없을무	위상	높을존		나아	할위

세	존		무	능	급	자		안	은
世	尊		無	能	及	者		安	隱
세상세	높을존		없을무	능할능	미칠급	놈자		편안할안	편안할은

중	생		고	현	어	세		위	대
衆	生		故	現	於	世		爲	大
무리중	날생		연고고	나타날현	어조사어	세상세		위할위	큰대

중	설		감	로	정	법		기	법
衆	說		甘	露	淨	法		其	法
무리중	말씀설		달감	이슬로	깨끗할정	법법		그기	법법

일	미		해	탈	열	반		이	일
一	味		解	脫	涅	槃		以	一
한일	맛미		풀해	벗을탈	개흙열	쟁반반		써이	한일

> 모두 응당 이곳에 와서 위없이 거룩한 부처님을 친견하여라!
> 나는 세상에 가장 존귀한 자로 능히 나와 견줄 만한 이가 없건대
> 중생을 안락하게 하려고 세상에 출현해서, 모든 대중들을 위하여
> 청정한 감로법을 설하나니 이 법은 한 가지의 맛 바로 해탈이며 열반이니라.'

묘	음		연	창	사	의		상	위
妙	音		演	暢	斯	義		常	爲
묘할묘	소리음		펼연	펼창	이사	의미의		항상상	위할위
대	승		이	작	인	연		아	관
大	乘		而	作	因	緣		我	觀
큰대	탈승		말이을이	지을작	인할인	인연연		나아	볼관
일	체		보	개	평	등		무	유
一	切		普	皆	平	等		無	有
한일	모두체		널리보	다개	평평할평	같을등		없을무	있을유
피	차		애	증	지	심		아	무
彼	此		愛	憎	之	心		我	無
저피	이차		사랑애	미워할증	어조사지	마음심		나아	없을무
탐	착		역	무	한	애		항	위
貪	著		亦	無	限	礙		恒	爲
탐할탐	잡을착		또역	없을무	한계한	거리낄애		항상항	위할위

한결같이 미묘한 음성으로 이 뜻을 연설하여 펼치며
항상 대승을 위하여 인연을 짓거늘, 내가 일체를 관하되 골고루
다 평등하여 너와 내가 따로 없고 사랑하고 미워하는 마음도 없도다.
나는 탐욕도 집착도 없으며 또한 막히거나 걸릴 것도 없고

일	체		평	등	설	법		여	위
一	切		平	等	說	法		如	爲
한 일	모두 체		평평할 평	같을 등	말씀 설	법 법		같을 여	위할 위

일	인		중	다	역	연		상	연
一	人		衆	多	亦	然		常	演
한 일	사람 인		무리 중	많을 다	또 역	그러할 연		항상 상	펼 연

설	법		증	무	타	사		거	래
說	法		曾	無	他	事		去	來
말씀 설	법 법		일찍 증	없을 무	다를 타	일 사		갈 거	올 래

좌	립		종	불	피	염		충	족
坐	立		終	不	疲	厭		充	足
앉을 좌	설 립		마침내 종	아닐 불	지칠 피	싫을 염		찰 충	족할 족

세	간		여	우	보	윤		귀	천
世	間		如	雨	普	潤		貴	賤
세상 세	사이 간		같을 여	비 우	널리 보	젖을 윤		귀할 귀	천할 천

> 항상 일체 중생 위하여 평등하게 설법하되 한 사람을 위하듯이
> 여러 사람을 위하며, 일찍이 다른 일보다 언제나 설법하는 걸 우선시하여
> 아무리 가고 오고 앉고 서더라도 끝내 피곤과 싫증을 내지 않노라.
> 세간을 충족히 하되 단비가 널리 윤택하게 하는 것처럼

상	하		지	계	훼	계		위	의
上	下		持	戒	毀	戒		威	儀
위 상	아래 하		가질 지	지킬 계	헐 훼	지킬 계		위엄 위	거동 의

구	족		급	불	구	족		정	견
具	足		及	不	具	足		正	見
갖출 구	족할 족		및 급	아닐 불	갖출 구	족할 족		바를 정	볼 견

사	견		이	근	둔	근		등	우
邪	見		利	根	鈍	根		等	雨
간사할 사	볼 견		날카로울 이	뿌리 근	무딜 둔	뿌리 근		같을 등	비 우

법	우		이	무	해	권		일	체
法	雨		而	無	懈	倦		一	切
법 법	비 우		말 이을 이	없을 무	게으를 해	게으를 권		한 일	모두 체

중	생		문	아	법	자		수	력
衆	生		聞	我	法	者		隨	力
무리 중	날 생		들을 문	나 아	법 법	놈 자		따를 수	힘 력

귀하거나 천하거나 높거나 낮거나 계를 지키거나 깨뜨렸거나,
위의가 갖춰졌거나 갖춰지지 못했거나 소견이 바르거나 삿되거나
근기가 총명하거나 우둔하거나 간에 평등하게 법비를 내리는 데
게으르지 않나니, 불법을 들은 일체 중생들

소	수		주	어	제	지		혹	처
所	受		住	於	諸	地		或	處
바 소	받을 수		머물 주	어조사 어	모든 제	땅 지		혹 혹	곳 처

인	천		전	륜	성	왕		석	범
人	天		轉	輪	聖	王		釋	梵
사람 인	하늘 천		구를 전	바퀴 륜	성인 성	임금 왕		풀 석	깨끗할 범

제	왕		시	소	약	초		지	무
諸	王		是	小	藥	草		知	無
모든 제	임금 왕		이 시	작을 소	약 약	풀 초		알 지	없을 무

루	법		능	득	열	반		기	육
漏	法		能	得	涅	槃		起	六
샐 루	법 법		능할 능	얻을 득	개흙 열	쟁반 반		일어날 기	여섯 육

신	통		급	득	삼	명		독	처
神	通		及	得	三	明		獨	處
신통할 신	통할 통		및 급	얻을 득	석 삼	밝을 명		홀로 독	곳 처

능력에 따라 받아들여 여러 경지에 머물거늘
인간이나 천상 또 전륜성왕·제석천왕·범천왕 등
여러 왕이 되는 것은 하품의 작은 약초요,
무루법을 알아 능히 열반 얻어서 육신통 일으키고 삼명을 얻는 동시에

산	림		상	행	선	정		득	연
山	林		常	行	禪	定		得	緣
뫼 산	수풀 림		항상 상	행할 행	고요할 선	선정 정		얻을 득	인연 연

각	증		시	중	약	초		구	세
覺	證		是	中	藥	草		求	世
깨달을 각	증득할 증		이 시	가운데 중	약 약	풀 초		구할 구	세상 세

존	처		아	당	작	불		행	정
尊	處		我	當	作	佛		行	精
높을 존	곳 처		나 아	마땅히 당	지을 작	부처 불		행할 행	정미할 정

진	정		시	상	약	초		우	제
進	定		是	上	藥	草		又	諸
나아갈 진	선정 정		이 시	위 상	약 약	풀 초		또 우	모든 제

불	자		전	심	불	도		상	행
佛	子		專	心	佛	道		常	行
부처 불	아들 자		오로지 전	마음 심	부처 불	길 도		항상 상	행할 행

> 홀로 산림 속에서 항상 선정을 닦아 연각의 깨달음 얻으면
> 이는 중품 약초요, 세존의 경지를 구하여 나도 꼭 부처님 될 수 있다고
> 정진하며 선정을 닦는다면 이는 상품 약초니라.
> 또 모든 불자가 마음을 오로지 불도에 전념하여

자	비		자	지	작	불		결	정
慈	悲		自	知	作	佛		決	定
사랑 자	슬플 비		스스로 자	알 지	지을 작	부처 불		결단할 결	정할 정

무	의		시	명	소	수		안	주
無	疑		是	名	小	樹		安	住
없을 무	의심할 의		이 시	이름 명	작을 소	나무 수		편안할 안	머물 주

신	통		전	불	퇴	륜		도	무
神	通		轉	不	退	輪		度	無
신통할 신	통할 통		구를 전	아닐 불	물러날 퇴	바퀴 륜		건널 도	없을 무

량	억		백	천	중	생		여	시
量	億		百	千	衆	生		如	是
헤아릴 량	억 억		일백 백	일천 천	무리 중	날 생		같을 여	이 시

보	살		명	위	대	수		불	평
菩	薩		名	爲	大	樹		佛	平
보리 보	보살 살		이름 명	할 위	큰 대	나무 수		부처 불	평평할 평

항상 자비를 행하며 스스로 성불할 것을 알아서
결정코 의심이 없다면 이는 작은 나무요,
신통에 편안히 머물러 물러나지 않는 법륜을 굴리면서
한량없는 억백천 중생들 제도한다면 이러한 보살은 큰 나무니라.

등	설		여	일	미	우		수	중
等	說		如	一	味	雨		隨	衆
같을등	말씀설		같을여	한일	맛미	비우		따를수	무리중

생	성		소	수	부	동		여	피
生	性		所	受	不	同		如	彼
날생	성품성		바소	받을수	아닐부	한가지동		같을여	저피

초	목		소	품	각	이		불	이
草	木		所	稟	各	異		佛	以
풀초	나무목		바소	받을품	각각각	다를이		부처불	써이

차	유		방	편	개	시		종	종
此	喩		方	便	開	示		種	種
이차	비유할유		처방방	편할편	열개	보일시		종류종	종류종

언	사		연	설	일	법		어	불
言	辭		演	說	一	法		於	佛
말씀언	말사		펼연	말씀설	한일	법법		어조사어	부처불

> 부처님의 평등한 설법 똑같은 맛의 비와 같으나,
> 중생의 성품에 따라서 받아들여짐이 다르나니
> 초목들이 똑같은 비를 맞고도 자라남이 다른 것과 같도다.
> 부처님은 이런 비유 방편으로 열어 보이고 여러 가지 말씀으로 일승법을 연설하시지만

지	혜		여	해	일	적		아	우
智	慧		如	海	一	滴		我	雨
슬기 지	지혜 혜		같을 여	바다 해	한 일	물방울 적		나 아	비 우

법	우		충	만	세	간		일	미
法	雨		充	滿	世	間		一	味
법 법	비 우		찰 충	찰 만	세상 세	사이 간		한 일	맛 미

지	법		수	력	수	행		여	피
之	法		隨	力	修	行		如	彼
어조사 지	법 법		따를 수	힘 력	닦을 수	행할 행		같을 여	저 피

총	림		약	초	제	수		수	기
叢	林		藥	草	諸	樹		隨	其
모일 총	수풀 림		약 약	풀 초	모든 제	나무 수		따를 수	그 기

대	소		점	증	무	호		제	불
大	小		漸	增	茂	好		諸	佛
큰 대	작을 소		점점 점	더할 증	우거질 무	좋을 호		모든 제	부처 불

부처님 참 지혜에 비하면 큰 바다의 한 방울 물에 지나지 않도다.
내가 법비를 내려 세간을 충만케 하건만 똑같은 맛의 법을
중생들은 자기 능력에 따라 수행하니 마치 저 숲의 약초와
모든 나무들이 크고 작은 차이에 맞게 자라나는 것과 같도다.

지	법		상	이	일	미		영	제
之	法		常	以	一	味		令	諸
어조사지	법법		항상상	써이	한일	맛미		하여금영	모든제

세	간		보	득	구	족		점	차
世	間		普	得	具	足		漸	次
세상세	사이간		널리보	얻을득	갖출구	족할족		점점점	버금차

수	행		개	득	도	과		성	문
修	行		皆	得	道	果		聲	聞
닦을수	행할행		다개	얻을득	길도	실과과		소리성	들을문

연	각		처	어	산	림		주	최
緣	覺		處	於	山	林		住	最
인연연	깨달을각		곳처	어조사어	뫼산	수풀림		머물주	가장최

후	신		문	법	득	과		시	명
後	身		聞	法	得	果		是	名
뒤후	몸신		들을문	법법	얻을득	실과과		이시	이름명

모든 부처님 법은 언제나 한 맛으로써 모든 세간의
중생들로 하여금 두루 구족하게 하여 점점 차례로 수행해서
모두 도과를 얻게 하노라. 성문과 연각이 산림 속에서
윤회의 마지막 몸에 머물러 법을 듣고 과위를 얻으면

약	초		각	득	증	장		약	제
藥	草		各	得	增	長		若	諸
약 약	풀 초		각각 각	얻을 득	더할 증	길 장		만약 약	모든 제

보	살		지	혜	견	고		요	달
菩	薩		智	慧	堅	固		了	達
보리 보	보살 살		슬기 지	지혜 혜	굳을 견	굳을 고		깨달을 요	통달할 달

삼	계		구	최	상	승		시	명
三	界		求	最	上	乘		是	名
석 삼	지경 계		구할 구	가장 최	위 상	탈 승		이 시	이름 명

소	수		이	득	증	장		부	유
小	樹		而	得	增	長		復	有
작을 소	나무 수		말이을 이	얻을 득	더할 증	길 장		다시 부	있을 유

주	선		득	신	통	력		문	제
住	禪		得	神	通	力		聞	諸
머물 주	고요할 선		얻을 득	신통할 신	통할 통	힘 력		들을 문	모든 제

이는 약초가 각기 더욱 자라난 셈이며,
보살들이 지혜가 견고하여 삼계를 밝게 깨달아 최상승을 구한다면
이는 작은 나무가 더욱 자라난 격이고,
게다가 선정에 머물러서 신통력을 얻으며

법	공		심	대	환	희		방	무
法	空		心	大	歡	喜		放	無
법법	빌공		마음심	큰대	기쁠환	기쁠희		놓을방	없을무
수	광		도	제	중	생		시	명
數	光		度	諸	衆	生		是	名
셀수	빛광		건널도	모든제	무리중	날생		이시	이름명
대	수		이	득	증	장		여	시
大	樹		而	得	增	長		如	是
큰대	나무수		말이을이	얻을득	더할증	길장		같을여	이시
가	섭		불	소	설	법		비	여
迦	葉		佛	所	說	法		譬	如
막을가	잎엽(섭)		부처불	바소	말씀설	법법		비유할비	같을여
대	운		이	일	미	우		윤	어
大	雲		以	一	味	雨		潤	於
큰대	구름운		써이	한일	맛미	비우		젖을윤	어조사어

모든 법이 공함을 듣고 마음에 크게 환희하여
무수한 광명 비추어 많은 중생들을 제도한다면
이는 큰 나무가 더욱 자라난 셈이로다. 이와 같이 가섭아,
부처님의 설법은 예를 들어 큰 구름이 똑같은 맛의 비로써

인	화		각	득	성	실		가	섭
人	華		各	得	成	實		迦	葉
사람 인	꽃 화		각각 각	얻을 득	이룰 성	열매 실		막을 가	잎 엽(섭)

당	지		이	제	인	연		종	종
當	知		以	諸	因	緣		種	種
마땅히 당	알 지		써 이	모든 제	인할 인	인연 연		종류 종	종류 종

비	유		개	시	불	도		시	아
譬	喩		開	示	佛	道		是	我
비유할 비	비유할 유		열 개	보일 시	부처 불	길 도		이 시	나 아

방	편		제	불	역	연		금	위
方	便		諸	佛	亦	然		今	爲
처방 방	편할 편		모든 제	부처 불	또 역	그러할 연		이제 금	위할 위

여	등		설	최	실	사		제	성
汝	等		說	最	實	事		諸	聲
너 여	무리 등		말씀 설	가장 최	진실 실	일 사		모든 제	소리 성

사람들의 꽃을 적시어 각각 열매 맺게 하는 것과 같도다.
가섭아! 마땅히 잘 명심하여라. 여러 인연들과 갖가지 비유로써
불도를 열어 보이나니 이는 나의 방편이자 다른 부처님들도 마찬가지니라.
이제 너희들을 위하여 가장 참된 진실을 말하건대

문	중		개	비	멸	도		여	등
聞	衆		皆	非	滅	度		汝	等
들을 문	무리 중		다 개	아닐 비	멸할 멸	건널 도		너 여	무리 등

소	행		시	보	살	도		점	점
所	行		是	菩	薩	道		漸	漸
바 소	행할 행		이 시	보리 보	보살 살	길 도		점점 점	점점 점

수	학		실	당	성	불			
修	學		悉	當	成	佛			
닦을 수	배울 학		다 실	마땅히 당	이룰 성	부처 불			

여러 성문대중들은 모두
진짜 열반을 얻은 것이 아니니라.
너희들이 닦아야 할 바는 바로 보살도이니
점점 닦아 배워 나간다면 모두 마땅히 성불하리라.

제	육		수	기	품			
第	六		授	記	品			
차례 제	여섯 육		줄 수	기록할 기	가지 품			

이	시	세	존		설	시	게	이
爾	時	世	尊		說	是	偈	已
그 이	때 시	세상 세	높을 존		말씀 설	이 시	게송 게	마칠 이

고	제	대	중		창	여	시	언
告	諸	大	衆		唱	如	是	言
알릴 고	모든 제	큰 대	무리 중		부를 창	같을 여	이 시	말씀 언

아	차	제	자		마	하	가	섭
我	此	弟	子		摩	訶	迦	葉
나 아	이 차	아우 제	아들 자		갈 마	꾸짖을 가(하)	막을 가	잎 엽(섭)

어	미	래	세		당	득	봉	근
於	未	來	世		當	得	奉	覲
어조사 어	아닐 미	올 래	세상 세		마땅히 당	얻을 득	받들 봉	뵐 근

제6 수기품

그때 세존께서 이 게송을 다 마치시고
모든 대중들 앞에서 소리 높여 말씀하셨다.
"나의 제자 마하가섭은 미래 세상에 마땅히

삼	백	만	억		제	불	세	존
三	百	萬	億		諸	佛	世	尊
석 삼	일백 백	일만 만	억 억		모든 제	부처 불	세상 세	높을 존

공	양	공	경		존	중	찬	탄
供	養	恭	敬		尊	重	讚	歎
이바지할 공	기를 양	공손할 공	공경할 경		높을 존	무거울 중	칭찬할 찬	찬탄할 탄

광	선	제	불		무	량	대	법
廣	宣	諸	佛		無	量	大	法
넓을 광	베풀 선	모든 제	부처 불		없을 무	헤아릴 량	큰 대	법 법

어	최	후	신		득	성	위	불
於	最	後	身		得	成	爲	佛
어조사 어	가장 최	뒤 후	몸 신		얻을 득	이룰 성	할 위	부처 불

명	왈	광	명	여	래		응	공
名	曰	光	明	如	來		應	供
이름 명	가로 왈	빛 광	밝을 명	같을 여	올 래		응당히 응	이바지할 공

> 삼백만억의 모든 부처님 세존을 만나 뵈옵고, 공양드리며
> 공경히 존중하고 찬탄하리라. 널리 모든 부처님들의 한량없는
> 큰 가르침을 펼치다가 윤회의 마지막 몸으로 성불하리니,
> 부처님의 이름은 광명여래·응공·

정	변	지		명	행	족		선	서
正	遍	知		明	行	足		善	逝
바를 정	두루 편(변)	알 지		밝을 명	행할 행	족할 족		착할 선	갈 서

세	간	해		무	상	사		조	어
世	間	解		無	上	士		調	御
세상 세	사이 간	풀 해		없을 무	위 상	선비 사		고를 조	길들일 어

장	부		천	인	사		불	세	존
丈	夫		天	人	師		佛	世	尊
어른 장	사나이 부		하늘 천	사람 인	스승 사		부처 불	세상 세	높을 존

국	명	광	덕		겁	명	대	장	엄
國	名	光	德		劫	名	大	莊	嚴
나라 국	이름 명	빛 광	덕 덕		겁 겁	이름 명	큰 대	꾸밀 장	엄할 엄

불	수		십	이	소	겁		정	법
佛	壽		十	二	小	劫		正	法
부처 불	목숨 수		열 십	두 이	작을 소	겁 겁		바를 정	법 법

정변지·명행족·선서·세간해·
무상사·조어장부·천인사·불세존이니라.
세계의 이름은 광덕이고, 시대의 이름은 대장엄이니라.
부처님의 수명은 십이 소겁이며,

주	세	이	십	소	겁	상	법
住	世	二	十	小	劫	像	法
머물주	세상세	두이	열십	작을소	겁겁	형상상	법법

역	주	이	십	소	겁	국	계
亦	住	二	十	小	劫	國	界
또역	머물주	두이	열십	작을소	겁겁	나라국	지경계

엄	식	무	제	예	악	와	력
嚴	飾	無	諸	穢	惡	瓦	礫
엄할엄	꾸밀식	없을무	모든제	더러울예	악할악	기와와	조약돌력

형	극	변	리	부	정	기	토
荊	棘	便	利	不	淨	其	土
가시형	가시나무극	똥오줌변	통할리	아닐부	깨끗할정	그기	흙토

평	정	무	유	고	하	갱	감
平	正	無	有	高	下	坑	坎
평평할평	바를정	없을무	있을유	높을고	아래하	구덩이갱	구덩이감

정법이 세상에 머무는 기간은 이십 소겁이고 상법도 이십 소겁 동안 머무르리라.
그 세계는 장엄하게 꾸며져서 여러 가지 더러운 쓰레기나 기와조각·
자갈돌·가시덤불·대소변 등 부정한 오물이 하나도 없으리라.
게다가 땅도 평탄하고 반듯하여 높고 낮은 곳이나 구덩이나

퇴	부		유	리	위	지		보	수
堆	阜		琉	璃	爲	地		寶	樹
언덕 퇴	언덕 부		유리 유	유리 리	할 위	땅 지		보배 보	나무 수

항	렬		황	금	위	승		이	계
行	列		黃	金	爲	繩		以	界
늘어설 항	줄 렬		누를 황	쇠 금	할 위	먹줄 승		써 이	경계할 계

도	측		산	제	보	화		주	변
道	側		散	諸	寶	華		周	遍
길 도	곁 측		흩을 산	모든 제	보배 보	꽃 화		두루 주	두루 편(변)

청	정		기	국	보	살		무	량
淸	淨		其	國	菩	薩		無	量
맑을 청	깨끗할 정		그 기	나라 국	보리 보	보살 살		없을 무	헤아릴 량

천	억		제	성	문	중		역	부
千	億		諸	聲	聞	衆		亦	復
일천 천	억 억		모든 제	소리 성	들을 문	무리 중		또 역	다시 부

언덕 따위가 아예 없으리라. 청보석의 유리로 땅이 되고
보배나무가 줄지어 늘어서 있으며, 황금으로 줄을 꼬아 길의 경계를
표시함은 물론 여러 보배꽃들이 뿌려져서 주변이 두루 청정하리라.
그 세계의 보살들은 한량없는 천만억이며, 모든 성문대중들도

무	수		무	유	마	사		수	유
無	數		無	有	魔	事		雖	有
없을무	셀수		없을무	있을유	마귀마	일사		비록수	있을유

마	급	마	민		개	호	불	법	
魔	及	魔	民		皆	護	佛	法	
마귀마	및급	마귀마	백성민		다개	보호할호	부처불	법법	

이	시	세	존		욕	중	선	차	의
爾	時	世	尊		欲	重	宣	此	義
그이	때시	세상세	높을존		하고자할욕	거듭할중	베풀선	이차	의미의

이	설	게	언		고	제	비	구	
而	說	偈	言		告	諸	比	丘	
말이을이	말씀설	게송게	말씀언		알릴고	모든제	견줄비	언덕구	

아	이	불	안		견	시	가	섭	
我	以	佛	眼		見	是	迦	葉	
나아	써이	부처불	눈안		볼견	이시	막을가	잎 엽(섭)	

헤아릴 수 없을 정도로 많으리라. 마구니의 장난은 전혀 있을 수 없고,
설사 마왕과 마의 권속이 있다 하더라도 모두 불법을 보호하리라."
그때 세존께서 거듭 의미를 표현하시고자 게송으로 말씀하셨다.
　　모든 비구들에게 이르노니, 내가 부처의 눈으로 가섭을 보건대

어	미	래	세		과	무	수	겁
於	未	來	世		過	無	數	劫
어조사 어	아닐 미	올 래	세상 세		지날 과	없을 무	셀 수	겁 겁

당	득	작	불		이	어	내	세
當	得	作	佛		而	於	來	世
마땅히 당	얻을 득	지을 작	부처 불		말이을 이	어조사 어	올 래(내)	세상 세

공	양	봉	근		삼	백	만	억
供	養	奉	覲		三	百	萬	億
이바지할 공	기를 양	받들 봉	뵐 근		석 삼	일백 백	일만 만	억 억

제	불	세	존		위	불	지	혜
諸	佛	世	尊		爲	佛	智	慧
모든 제	부처 불	세상 세	높을 존		위할 위	부처 불	슬기 지	지혜 혜

정	수	범	행		공	양	최	상
淨	修	梵	行		供	養	最	上
깨끗할 정	닦을 수	깨끗할 범	행할 행		이바지할 공	기를 양	가장 최	위 상

> 그는 미래세 무수한 겁을 지나서 반드시 성불하리라.
> 앞으로 삼백만억 부처님 세존을 공양하고
> 친견하여 받들며 부처님 지혜 얻기 위하여
> 깨끗이 범행을 닦으리니, 가장 최상의

제6 수기품

이	족	존	이		수	습	일	체
二	足	尊	已		修	習	一	切
두 이	족할 족	높을 존	마칠 이		닦을 수	익힐 습	한 일	모두 체

무	상	지	혜		어	최	후	신
無	上	之	慧		於	最	後	身
없을 무	위 상	어조사 지	지혜 혜		어조사 어	가장 최	뒤 후	몸 신

득	성	위	불		기	토	청	정
得	成	爲	佛		其	土	清	淨
얻을 득	이룰 성	할 위	부처 불		그 기	흙 토	맑을 청	깨끗할 정

유	리	위	지		다	제	보	수
琉	璃	爲	地		多	諸	寶	樹
유리 유	유리 리	할 위	땅 지		많을 다	모든 제	보배 보	나무 수

항	렬	도	측		금	승	계	도
行	列	道	側		金	繩	界	道
늘어설 항	줄 렬	길 도	곁 측		쇠 금	먹줄 승	경계할 계	길 도

양족존이신 부처님께 공양 올리고 나서 온갖 위없이 높은 지혜를
닦고 익히다가 윤회의 마지막 몸으로 성불하리라.
그 땅은 맑고 깨끗하여 유리로 땅이 되고 보배나무들 길가에
줄지어 늘어서 있으며 황금줄로 도로의 경계를 표시하니

견	자	환	희		상	출	호	향
見	者	歡	喜		常	出	好	香
볼 견	놈 자	기쁠 환	기쁠 희		항상 상	날 출	좋을 호	향기 향

산	중	명	화		종	종	기	묘
散	衆	名	華		種	種	奇	妙
흩을 산	무리 중	이름 명	꽃 화		종류 종	종류 종	기이할 기	묘할 묘

이	위	장	엄		기	지	평	정
以	爲	莊	嚴		其	地	平	正
써 이	할 위	꾸밀 장	엄할 엄		그 기	땅 지	평평할 평	바를 정

무	유	구	갱		제	보	살	중
無	有	丘	坑		諸	菩	薩	衆
없을 무	있을 유	언덕 구	구덩이 갱		모든 제	보리 보	보살 살	무리 중

불	가	칭	계		기	심	조	유
不	可	稱	計		其	心	調	柔
아닐 불	가히 가	헤아릴 칭	셀 계		그 기	마음 심	고를 조	부드러울 유

보는 자마다 기뻐하리라. 항상 좋은 향기 풍겨나도록
아름다운 꽃들을 흩뿌리고 갖가지 훌륭한 것들로 장엄함은 물론
땅이 평탄해서 언덕이나 구덩이가 없으리라. 여러 보살대중들은
그 수효 가히 헤아릴 수 없이 많거늘 마음이 차분하고 부드러워

체	대	신	통		봉	지	제	불
逮	大	神	通		奉	持	諸	佛
미칠 체	큰 대	신통할 신	통할 통		받들 봉	가질 지	모든 제	부처 불

대	승	경	전		제	성	문	중
大	乘	經	典		諸	聲	聞	衆
큰 대	탈 승	경 경	법 전		모든 제	소리 성	들을 문	무리 중

무	루	후	신		법	왕	지	자
無	漏	後	身		法	王	之	子
없을 무	샐 루	뒤 후	몸 신		법 법	임금 왕	어조사 지	아들 자

역	불	가	계		내	이	천	안
亦	不	可	計		乃	以	天	眼
또 역	아닐 불	가히 가	셀 계		이에 내	써 이	하늘 천	눈 안

불	능	수	지		기	불	당	수
不	能	數	知		其	佛	當	壽
아닐 불	능할 능	셀 수	알 지		그 기	부처 불	마땅히 당	목숨 수

> 큰 신통 얻으며 모든 부처님의 대승경전 받들어 지니고,
> 번뇌 끊은 최후신의 법왕 아들인 여러 성문대중들도
> 역시 헤아릴 수 없을 정도여서 천안으로 보더라도
> 다 셀 수 없으리라. 그 부처님 수명은

십	이	소	겁		정	법	주	세
十	二	小	劫		正	法	住	世
열 십	두 이	작을 소	겁 겁		바를 정	법 법	머물 주	세상 세

이	십	소	겁		상	법	역	주
二	十	小	劫		像	法	亦	住
두 이	열 십	작을 소	겁 겁		형상 상	법 법	또 역	머물 주

이	십	소	겁		광	명	세	존
二	十	小	劫		光	明	世	尊
두 이	열 십	작을 소	겁 겁		빛 광	밝을 명	세상 세	높을 존

기	사	여	시		이	시		대	목
其	事	如	是		爾	時		大	目
그 기	일 사	같을 여	이 시		그 이	때 시		큰 대	눈 목

건	련		수	보	리		마	하	가
犍	連		須	菩	提		摩	訶	迦
불깐소 건	잇닿을 련		모름지기 수	보리 보	끌 제(리)		갈 마	꾸짖을 가(하)	막을 가

십이 소겁이며 정법이 세상에 머무는 기간은 이십 소겁이고
상법도 또한 이십 소겁 동안 머무르리니,
앞으로 광명 세존의 일이 이러하리라.
그때에 대목건련과 수보리와 마하가전연 등이

전	연	등		개	실	송	률		일
旃	延	等		皆	悉	悚	慄		一
기 전	끌 연	무리 등		다 개	다 실	두려워할 송	두려워할 률		한 일

심	합	장		첨	앙	존	안		목
心	合	掌		瞻	仰	尊	顔		目
마음 심	합할 합	손바닥 장		볼 첨	우러를 앙	높을 존	얼굴 안		눈 목

부	잠	사		즉	공	동	성		이
不	暫	捨		即	共	同	聲		而
아닐 부	잠시 잠	버릴 사		곧 즉	함께 공	한가지 동	소리 성		말이을 이

설	게	언		대	웅	맹	세	존	
說	偈	言		大	雄	猛	世	尊	
말씀 설	게송 게	말씀 언		큰 대	뛰어날 웅	날랠 맹	세상 세	높을 존	

제	석	지	법	왕		애	민	아	등
諸	釋	之	法	王		哀	愍	我	等
모든 제	풀 석	어조사 지	법 법	임금 왕		슬플 애	가엾을 민	나 아	무리 등

모두 송구스러워 어쩔 줄 몰라 당황하며 일심으로 합장하였다.
그리고 부처님의 거룩하신 얼굴을 우러러보며 잠시도 눈을 깜박거리지 아니한 채,
이윽고 함께 소리를 맞추어 게송으로 말씀드렸다.
　　크게 용맹하신 세존이시여! 모든 석가족의 법왕이시여! 저희들을 불쌍히 여기시어

고		이	사	불	음	성		약	지
故		而	賜	佛	音	聲		若	知
연고고		말이을이	줄사	부처불	소리음	소리성		만약약	알지

아	심	심		견	위	수	기	자
我	深	心		見	爲	授	記	者
나아	깊을심	마음심		볼견	할위	줄수	기록할기	놈자

여	이	감	로	쇄		제	열	득	청
如	以	甘	露	灑		除	熱	得	淸
같을여	써이	달감	이슬로	뿌릴쇄		제할제	더울열	얻을득	맑을청

량		여	종	기	국	래		홀	우
凉		如	從	飢	國	來		忽	遇
서늘할량		같을여	좇을종	주릴기	나라국	올래		문득홀	만날우

대	왕	선		심	유	회	의	구
大	王	饍		心	猶	懷	疑	懼
큰대	임금왕	반찬선		마음심	오히려유	품을회	의심할의	두려워할구

> 부처님의 음성을 베풀어 주옵소서! 만일 저희들의 속마음 살피시고
> 수기를 주신다면 마치 감로수를 뿌려서 열을 식혀 시원함을 느끼게
> 해주시는 셈이 되며, 또 굶주린 나라로부터 와서 갑자기
> 대왕의 음식을 받기는 했더라도 먹어도 되는지 의구심을 품고

미	감	즉	변	식		약	부	득	왕
未	敢	卽	便	食		若	復	得	王
아닐 미	감히 감	곧 즉	문득 변	먹을 식		만약 약	다시 부	얻을 득	임금 왕
교		연	후	내	감	식		아	등
敎		然	後	乃	敢	食		我	等
가르침 교		그러할 연	뒤 후	이에 내	감히 감	먹을 식		나 아	무리 등
역	여	시		매	유	소	승	과	
亦	如	是		每	惟	小	乘	過	
또 역	같을 여	이 시		매양 매	생각할 유	작을 소	탈 승	허물 과	
부	지	당	운	하		득	불	무	상
不	知	當	云	何		得	佛	無	上
아닐 부	알 지	마땅히 당	이를 운	어찌 하		얻을 득	부처 불	없을 무	위 상
혜		수	문	불	음	성		언	아
慧		雖	聞	佛	音	聲		言	我
지혜 혜		비록 수	들을 문	부처 불	소리 음	소리 성		말씀 언	나 아

> 바로 먹지 못하다가 왕의 분부 받고서야 먹을 수 있는 것과 같으오리다.
> 저희들도 또한 그와 마찬가지로 매양 소승의 부족함만 한탄했을 뿐
> 마땅히 어떻게 해야만 부처님의 위없는 지혜를 증득하는지 몰라서,
> 너희도 성불한다는 부처님 음성 듣긴 했어도

등	작	불		심	상	회	우	구
等	作	佛		心	尙	懷	憂	懼
무리 등	지을 작	부처 불		마음 심	오히려 상	품을 회	근심할 우	두려워할 구

여	미	감	변	식		약	몽	불	수
如	未	敢	便	食		若	蒙	佛	授
같을 여	아닐 미	감히 감	문득 변	먹을 식		만약 약	입을 몽	부처 불	줄 수

기		이	내	쾌	안	락		대	웅
記		爾	乃	快	安	樂		大	雄
기록할 기		그 이	이에 내	쾌할 쾌	편안할 안	즐길 락		큰 대	뛰어날 웅

맹	세	존		상	욕	안	세	간
猛	世	尊		常	欲	安	世	間
날랠 맹	세상 세	높을 존		항상 상	하고자할 욕	편안할 안	세상 세	사이 간

원	사	아	등	기		여	기	수	교
願	賜	我	等	記		如	飢	須	敎
원할 원	줄 사	나 아	무리 등	기록할 기		같을 여	주릴 기	기다릴 수	가르침 교

마음에 아직 근심과 두려움 떨치지 못하고 있나이다. 마치 왕의 음식을
감히 바로 먹지 못하는 것과 같으니 부처님의 수기를 받는다면 그때서야
정말 안락하오리다. 크게 용맹하신 세존이시여! 항상 세간을 편안케 하고자 하시니
부디 저희들에게도 수기를 내려주시어 마치 배고픈 이가 왕의 허락 받고 마음껏 먹게끔 해주소서!

식		이	시	세	존		지	제	대
食		爾	時	世	尊		知	諸	大
먹을 식		그 이	때 시	세상 세	높을 존		알 지	모든 제	큰 대

제	자		심	지	소	념		고	제
弟	子		心	之	所	念		告	諸
아우 제	아들 자		마음 심	어조사 지	바 소	생각할 념		알릴 고	모든 제

비	구		시	수	보	리		어	당
比	丘		是	須	菩	提		於	當
견줄 비	언덕 구		이 시	모름지기 수	보리 보	끌 제(리)		어조사 어	마땅히 당

래	세		봉	근	삼	백	만	억	
來	世		奉	覲	三	百	萬	億	
올 래	세상 세		받들 봉	뵐 근	석 삼	일백 백	일만 만	억 억	

나	유	타	불		공	양	공	경	
那	由	他	佛		供	養	恭	敬	
어찌 나	말미암을 유	다를 타	부처 불		이바지할 공	기를 양	공손할 공	공경할 경	

그때에 세존께서는 큰 제자들이 마음속으로
생각하는 바를 아시고, 모든 비구들에게 이르시었다.
"이 수보리는 오는 세상에 삼백만억 나유타
부처님들을 받들어 뵈옵고 공양드리며 공경히

존	중	찬	탄		상	수	범	행
尊	重	讚	歎		常	修	梵	行
높을 존	무거울 중	칭찬할 찬	찬탄할 탄		항상 상	닦을 수	깨끗할 범	행할 행

구	보	살	도		어	최	후	신
具	菩	薩	道		於	最	後	身
갖출 구	보리 보	보살 살	길 도		어조사 어	가장 최	뒤 후	몸 신

득	성	위	불		호	왈	명	상	여
得	成	爲	佛		號	曰	名	相	如
얻을 득	이룰 성	할 위	부처 불		이름 호	가로 왈	이름 명	모양 상	같을 여

래		응	공		정	변	지		명
來		應	供		正	遍	知		明
올 래		응당히 응	이바지할 공		바를 정	두루 편(변)	알 지		밝을 명

행	족		선	서		세	간	해
行	足		善	逝		世	間	解
행할 행	족할 족		착할 선	갈 서		세상 세	사이 간	풀 해

존중하고 찬탄하면서, 항상 깨끗한 범행을 닦아
보살도를 갖추고 윤회의 마지막 몸으로 성불하리라.
그 부처님의 이름은 명상여래·응공·
정변지·명행족·선서·세간해·

무	상	사		조	어	장	부		천
無	上	士		調	御	丈	夫		天
없을 무	위 상	선비 사		고를 조	길들일 어	어른 장	사나이 부		하늘 천

인	사		불	세	존		겁	명	유
人	師		佛	世	尊		劫	名	有
사람 인	스승 사		부처 불	세상 세	높을 존		겁 겁	이름 명	있을 유

보		국	명	보	생		기	토	평
寶		國	名	寶	生		其	土	平
보배 보		나라 국	이름 명	보배 보	날 생		그 기	흙 토	평평할 평

정		파	려	위	지		보	수	장
正		玻	瓈	爲	地		寶	樹	莊
바를 정		파려옥 파	파려옥 려	할 위	땅 지		보배 보	나무 수	꾸밀 장

엄		무	제	구	갱		사	력	형
嚴		無	諸	丘	坑		沙	礫	荊
엄할 엄		없을 무	모든 제	언덕 구	구덩이 갱		모래 사	조약돌 력	가시 형

무상사·조어장부·천인사·불세존이니라.
시대의 이름은 유보이며 세계의 이름은 보생이니라.
그 땅은 평탄하고 반듯하며, 파려보배로 땅이 되고 보배나무로
찬란하게 장엄되리라. 그리고 언덕이나 구덩이 또는 모래나 자갈돌·가시덤불·

극		변	리	지	예		보	화	부
棘		便	利	之	穢		寶	華	覆
가시나무 극		똥오줌 변	통할 리	어조사 지	더러울 예		보배 보	꽃 화	덮을 부

지		주	변	청	정		기	토	인
地		周	遍	淸	淨		其	土	人
땅 지		두루 주	두루 편(변)	맑을 청	깨끗할 정		그 기	흙 토	사람 인

민		개	처	보	대		진	묘	루
民		皆	處	寶	臺		珍	妙	樓
백성 민		다 개	곳 처	보배 보	돈대 대		보배 진	묘할 묘	다락 루

각		성	문	제	자		무	량	무
閣		聲	聞	弟	子		無	量	無
문설주 각		소리 성	들을 문	아우 제	아들 자		없을 무	헤아릴 량	없을 무

변		산	수	비	유		소	불	능
邊		算	數	譬	喩		所	不	能
가 변		셀 산	셀 수	비유할 비	비유할 유		바 소	아닐 불	능할 능

대소변 등의 더러운 것이 전혀 없으며, 보배꽃이 땅을 덮어
주변이 두루 청정하리라. 그 땅의 백성들은 모두 보배로 된 정자와
진귀하고 아름다운 보배누각에 거처하리라. 또한 성문제자들이
한량없고 그지없어서 산수나 비유로도 능히 알 수 없을 정도이며,

지		제	보	살	중		무	수	천
知		諸	菩	薩	衆		無	數	千
알지		모든제	보리보	보살살	무리중		없을무	셀수	일천천

만	억		나	유	타		불	수	
萬	億		那	由	他		佛	壽	
일만만	억억		어찌나	말미암을유	다를타		부처불	목숨수	

십	이	소	겁		정	법	주	세	
十	二	小	劫		正	法	住	世	
열십	두이	작을소	겁겁		바를정	법법	머물주	세상세	

이	십	소	겁		상	법	역	주	
二	十	小	劫		像	法	亦	住	
두이	열십	작을소	겁겁		형상상	법법	또역	머물주	

이	십	소	겁		기	불		상	처
二	十	小	劫		其	佛		常	處
두이	열십	작을소	겁겁		그기	부처불		항상상	곳처

보살대중들도 헤아릴 수 없이 많아서 무려 천만억 나유타나 되리라.
명상 부처님의 수명은 십이 소겁이며,
정법이 세상에 머무는 기간은 이십 소겁이고
상법도 또한 이십 소겁 동안 머무르리라. 그 부처님은 항상

허	공		위	중	설	법		도	탈
虛	空		爲	衆	說	法		度	脫
빌허	빌공		위할위	무리중	말씀설	법법		건널도	벗을탈

무	량	보	살		급	성	문	중
無	量	菩	薩		及	聲	聞	衆
없을무	헤아릴량	보리보	보살살		및급	소리성	들을문	무리중

이	시	세	존		욕	중	선	차	의
爾	時	世	尊		欲	重	宣	此	義
그이	때시	세상세	높을존		하고자할욕	거듭할중	베풀선	이차	의미의

이	설	게	언		제	비	구	중
而	說	偈	言		諸	比	丘	衆
말이을이	말씀설	게송게	말씀언		모든제	견줄비	언덕구	무리중

금	고	여	등		개	당	일	심
今	告	汝	等		皆	當	一	心
이제금	알릴고	너여	무리등		다개	마땅히당	한일	마음심

허공에 계시면서 중생들을 위해 설법하여, 한량없는 보살들과 성문대중들을 제도하리라."
그때 세존께서 거듭 의미를 표현하시고자 게송으로 말씀하셨다.
　　　모든 비구들아! 이제 너희들에게 이르노니
　　　마땅히 모두 한 마음으로

청	아	소	설		아	대	제	자
聽	我	所	說		我	大	弟	子
들을 청	나 아	바 소	말씀 설		나 아	큰 대	아우 제	아들 자

수	보	리	자		당	득	작	불
須	菩	提	者		當	得	作	佛
모름지기 수	보리 보	끌 제(리)	놈 자		마땅히 당	얻을 득	지을 작	부처 불

호	왈	명	상		당	공	무	수
號	曰	名	相		當	供	無	數
이름 호	가로 왈	이름 명	모양 상		마땅히 당	이바지할 공	없을 무	셀 수

만	억	제	불		수	불	소	행
萬	億	諸	佛		隨	佛	所	行
일만 만	억 억	모든 제	부처 불		따를 수	부처 불	바 소	행할 행

점	구	대	도		최	후	신	득
漸	具	大	道		最	後	身	得
점점 점	갖출 구	큰 대	길 도		가장 최	뒤 후	몸 신	얻을 득

내가 하는 말을 잘 듣도록 하라. 나의 큰 제자 수보리는
미래에 성불하리니 부처님 이름은 명상불이라.
헤아릴 수 없는 만억 부처님들께 공양 올리고 부처님 행하신 바를 따라서
점점 큰 도를 갖추다가 윤회의 마지막 몸으로

삼	십	이	상		단	정	수	묘
三	十	二	相		端	正	殊	妙
석 삼	열 십	두 이	모양 상		단정할 단	바를 정	뛰어날 수	묘할 묘

유	여	보	산		기	불	국	토
猶	如	寶	山		其	佛	國	土
같을 유	같을 여	보배 보	뫼 산		그 기	부처 불	나라 국	흙 토

엄	정	제	일		중	생	견	자
嚴	淨	第	一		衆	生	見	者
엄할 엄	깨끗할 정	차례 제	한 일		무리 중	날 생	볼 견	놈 자

무	불	애	락		불	어	기	중
無	不	愛	樂		佛	於	其	中
없을 무	아닐 불	사랑 애	즐길 락		부처 불	어조사 어	그 기	가운데 중

도	무	량	중		기	불	법	중
度	無	量	衆		其	佛	法	中
건널 도	없을 무	헤아릴 량	무리 중		그 기	부처 불	법 법	가운데 중

삼십이상을 얻으리니, 단정하고 아름다워 마치 보배산처럼 눈부시리라.
그 부처님 세계 엄숙하고 깨끗하기가 제일이어서
중생들 보는 자마다 모두 다 사랑하고 좋아하거늘, 명상 부처님은
그 가운데에서 한량없는 중생들을 제도하시되 그 부처님 법 가운데

다	제	보	살		개	실	이	근	
多	諸	菩	薩		皆	悉	利	根	
많을 다	모든 제	보리 보	보살 살		다 개	다 실	날카로울 이	뿌리 근	

전	불	퇴	륜		피	국	상	이	
轉	不	退	輪		彼	國	常	以	
구를 전	아닐 불	물러날 퇴	바퀴 륜		저 피	나라 국	항상 상	써 이	

보	살	장	엄		제	성	문	중	
菩	薩	莊	嚴		諸	聲	聞	衆	
보리 보	보살 살	꾸밀 장	엄할 엄		모든 제	소리 성	들을 문	무리 중	

불	가	칭	수		개	득	삼	명	
不	可	稱	數		皆	得	三	明	
아닐 불	가히 가	헤아릴 칭	셀 수		다 개	얻을 득	석 삼	밝을 명	

구	육	신	통		주	팔	해	탈	
具	六	神	通		住	八	解	脫	
갖출 구	여섯 육	신통할 신	통할 통		머물 주	여덟 팔	풀 해	벗을 탈	

수많은 여러 보살들은 근성이 총명하고 예리하여
불퇴전법륜을 굴리리라. 그 세계는 항상 보살로 장엄되며
여러 성문대중들도 헤아릴 수 없이 많거니
전부 삼명을 얻고 육신통을 갖춘 채 팔해탈에 머물러

유	대	위	덕		기	불	설	법
有	大	威	德		其	佛	說	法
있을 유	큰 대	위엄 위	덕 덕		그 기	부처 불	말씀 설	법 법

현	어	무	량		신	통	변	화
現	於	無	量		神	通	變	化
나타날 현	어조사 어	없을 무	헤아릴 량		신통할 신	통할 통	변할 변	화할 화

불	가	사	의		제	천	인	민
不	可	思	議		諸	天	人	民
아닐 불	가히 가	생각할 사	의논할 의		모든 제	하늘 천	사람 인	백성 민

수	여	항	사		개	공	합	장
數	如	恒	沙		皆	共	合	掌
셀 수	같을 여	항상 항	모래 사		다 개	함께 공	합할 합	손바닥 장

청	수	불	어		기	불	당	수
聽	受	佛	語		其	佛	當	壽
들을 청	받을 수	부처 불	말씀 어		그 기	부처 불	마땅히 당	목숨 수

큰 위덕이 있으리라. 명상 부처님은 설법하실 때
한량없는 신통변화 나투어 불가사의하거늘 항하의 모래알처럼
수많은 하늘천신과 사람들이 모두 함께 합장하고
부처님 말씀을 들으리라. 그 부처님의 수명은

십	이	소	겁		정	법	주	세
十	二	小	劫		正	法	住	世
열십	두이	작을소	겁겁		바를정	법법	머물주	세상세

이	십	소	겁		상	법	역	주
二	十	小	劫		像	法	亦	住
두이	열십	작을소	겁겁		형상상	법법	또역	머물주

이	십	소	겁		이	시	세	존
二	十	小	劫		爾	時	世	尊
두이	열십	작을소	겁겁		그이	때시	세상세	높을존

부	고	제	비	구	중		아	금	어
復	告	諸	比	丘	衆		我	今	語
다시부	알릴고	모든제	견줄비	언덕구	무리중		나아	이제금	말씀어

여		시	대	가	전	연		어	당
汝		是	大	迦	旃	延		於	當
너여		이시	큰대	막을가	기전	끌연		어조사어	마땅히당

> 십이 소겁이며 정법이 세상에 머무는 기간은 이십 소겁이고
> 상법도 또한 이십 소겁 동안 머무르리라.
> 그때 세존께서 다시 모든 비구들에게 이르시었다.
> "내가 지금 너희들에게 이르노니, 마하가전연은

래	세		이	제	공	구		공	양
來	世		以	諸	供	具		供	養
올 래	세상 세		써 이	모든 제	이바지할 공	갖출 구		이바지할 공	기를 양

봉	사		팔	천	억	불		공	경
奉	事		八	千	億	佛		恭	敬
받들 봉	섬길 사		여덟 팔	일천 천	억 억	부처 불		공손할 공	공경할 경

존	중		제	불	멸	후		각	기
尊	重		諸	佛	滅	後		各	起
높을 존	무거울 중		모든 제	부처 불	멸할 멸	뒤 후		각각 각	일어날 기

탑	묘		고	천	유	순		종	광
塔	廟		高	千	由	旬		縱	廣
탑 탑	사당 묘		높을 고	일천 천	유순 유	유순 순		세로 종	가로 광

정	등		오	백	유	순		개	이
正	等		五	百	由	旬		皆	以
바를 정	같을 등		다섯 오	일백 백	유순 유	유순 순		다 개	써 이

오는 세상에 여러 공양물로 팔천억 부처님들을
공양하고 받들어 섬기며 공경하고 존중하리라.
그리고 부처님들께서 열반하신 뒤 각각 탑을 세우는데,
높이는 천 유순이고 가로와 세로는 똑같이 오백 유순이리라.

금	은	유	리		자	거	마	노	
金	銀	琉	璃		硨	磲	瑪	瑙	
쇠 금	은 은	유리 유	유리 리		옥돌 자	옥돌 거	마노 마	마노 노	

진	주	매	괴		칠	보	합	성	
眞	珠	玫	瑰		七	寶	合	成	
참 진	구슬 주	매괴 매	구슬이름 괴		일곱 칠	보배 보	합할 합	이룰 성	

중	화	영	락		도	향	말	향	소
衆	華	瓔	珞		塗	香	抹	香	燒
무리 중	꽃 화	구슬목걸이 영	구슬목걸이 락		바를 도	향기 향	가루 말	향기 향	사를 소

향		증	개	당	번		공	양	탑
香		繒	蓋	幢	幡		供	養	塔
향기 향		비단 증	덮개 개	기 당	기 번		이바지할 공	기를 양	탑 탑

묘		과	시	이	후		당	부	공
廟		過	是	已	後		當	復	供
사당 묘		지날 과	이 시	이미 이	뒤 후		마땅히 당	다시 부	이바지할 공

금·은·유리·자거·마노·진주·매괴 등 칠보로 조성하고,
여러 가지 꽃과 영락·바르는 향·가루향·사르는 향·
비단일산·깃발 등으로 탑묘에 공양하리라.
그런 뒤에 다시

양		이	만	억	불		역	부	여
養		二	萬	億	佛		亦	復	如
기를 양		두 이	일만 만	억 억	부처 불		또 역	다시 부	같을 여

시		공	양	시	제	불	이		구
是		供	養	是	諸	佛	已		具
이 시		이바지할 공	기를 양	이 시	모든 제	부처 불	마칠 이		갖출 구

보	살	도		당	득	작	불		호
菩	薩	道		當	得	作	佛		號
보리 보	보살 살	길 도		마땅히 당	얻을 득	지을 작	부처 불		이름 호

왈		염	부	나	제	금	광	여	래
曰		閻	浮	那	提	金	光	如	來
가로 왈		마을 염	뜰 부	어찌 나	끌 제	쇠 금	빛 광	같을 여	올 래

응	공		정	변	지		명	행	족
應	供		正	遍	知		明	行	足
응당히 응	이바지할 공		바를 정	두루 편(변)	알 지		밝을 명	행할 행	족할 족

이만억 부처님들께도 그와 같이 공양할 것이며,
그 모든 부처님들께 공양드리고 나서 보살도를 구족하여
마땅히 성불하리라. 부처님의 이름은
염부나제금광여래·응공·정변지·명행족·

선	서		세	간	해		무	상	사
善	逝		世	間	解		無	上	士
착할선	갈서		세상세	사이간	풀해		없을무	위상	선비사

조	어	장	부		천	인	사		불
調	御	丈	夫		天	人	師		佛
고를조	길들일어	어른장	사나이부		하늘천	사람인	스승사		부처불

세	존		기	토	평	정		파	려
世	尊		其	土	平	正		玻	瓈
세상세	높을존		그기	흙토	평평할평	바를정		파려옥파	파려옥려

위	지		보	수	장	엄		황	금
爲	地		寶	樹	莊	嚴		黃	金
할위	땅지		보배보	나무수	꾸밀장	엄할엄		누를황	쇠금

위	승		이	계	도	측		묘	화
爲	繩		以	界	道	側		妙	華
할위	먹줄승		써이	경계할계	길도	곁측		묘할묘	꽃화

선서·세간해·무상사·조어장부·천인사·불세존이니라.
그 땅은 평탄하고 반듯하며, 파려보배로 땅이 되고
보배나무로 찬란하게 장엄되리라. 황금으로 줄을 꼬아
길의 경계를 표시하고, 아름다운 꽃으로

부	지		주	변	청	정		견	자
覆	地		周	遍	清	淨		見	者
덮을 부	땅 지		두루 주	두루 편(변)	맑을 청	깨끗할 정		볼 견	놈 자

환	희		무	사	악	도		지	옥
歡	喜		無	四	惡	道		地	獄
기쁠 환	기쁠 희		없을 무	넉 사	악할 악	길 도		땅 지	옥 옥

아	귀		축	생	아	수	라	도	
餓	鬼		畜	生	阿	修	羅	道	
주릴 아	귀신 귀		기를 축	날 생	언덕 아	닦을 수	새그물 라	길 도	

다	유	천	인		제	성	문	중	
多	有	天	人		諸	聲	聞	衆	
많을 다	있을 유	하늘 천	사람 인		모든 제	소리 성	들을 문	무리 중	

급	제	보	살		무	량	만	억	
及	諸	菩	薩		無	量	萬	億	
및 급	모든 제	보리 보	보살 살		없을 무	헤아릴 량	일만 만	억 억	

땅을 덮어 주변이 두루 청정하매 보는 자마다 기뻐하리라.
네 가지 악도인 지옥·아귀·축생·아수라도가 없고
하늘천신과 사람들이 대부분이며,
한량없는 만억 명의 성문들과 보살들이

장	엄	기	국		불	수		십	이
莊	嚴	其	國		佛	壽		十	二
꾸밀 장	엄할 엄	그 기	나라 국		부처 불	목숨 수		열 십	두 이

소	겁		정	법	주	세		이	십
小	劫		正	法	住	世		二	十
작을 소	겁 겁		바를 정	법 법	머물 주	세상 세		두 이	열 십

소	겁		상	법	역	주		이	십
小	劫		像	法	亦	住		二	十
작을 소	겁 겁		형상 상	법 법	또 역	머물 주		두 이	열 십

소	겁		이	시		세	존	욕
小	劫		爾	時		世	尊	欲
작을 소	겁 겁		그 이	때 시		세상 세	높을 존	하고자할 욕

중	선	차	의		이	설	게	언
重	宣	此	義		而	說	偈	言
거듭할 중	베풀 선	이 차	의미 의		말이을 이	말씀 설	게송 게	말씀 언

> 그 세계를 장엄하리라. 그 부처님의 수명은 십이 소겁이며,
> 정법이 세상에 머무는 기간은 이십 소겁이고
> 상법도 또한 이십 소겁 동안 머무르리라."
> 그때 세존께서 거듭 의미를 표현하시고자 게송으로 말씀하셨다.

제	비	구	중		개	일	심	청
諸	比	丘	衆		皆	一	心	聽
모든 제	견줄 비	언덕 구	무리 중		다 개	한 일	마음 심	들을 청

여	아	소	설		진	실	무	이
如	我	所	說		眞	實	無	異
같을 여	나 아	바 소	말씀 설		참 진	진실 실	없을 무	다를 이

시	가	전	연		당	이	종	종
是	迦	旃	延		當	以	種	種
이 시	막을 가	기 전	끌 연		마땅히 당	써 이	종류 종	종류 종

묘	호	공	구		공	양	제	불
妙	好	供	具		供	養	諸	佛
묘할 묘	좋을 호	이바지할 공	갖출 구		이바지할 공	기를 양	모든 제	부처 불

제	불	멸	후		기	칠	보	탑
諸	佛	滅	後		起	七	寶	塔
모든 제	부처 불	멸할 멸	뒤 후		일어날 기	일곱 칠	보배 보	탑 탑

> 여러 비구들은 모두 일심으로 들을지니,
> 내가 하는 말은 진실하여 틀림이 없느니라.
> 여기 가전연은 여러 가지 아름답고 훌륭한 공양물로
> 모든 부처님들께 공양드리고 부처님들 열반하신 뒤에는 칠보탑을 세우며,

역	이	화	향		공	양	사	리
亦	以	華	香		供	養	舍	利
또 역	써 이	꽃 화	향기 향		이바지할공	기를 양	집 사	이로울 리

기	최	후	신		득	불	지	혜
其	最	後	身		得	佛	智	慧
그 기	가장 최	뒤 후	몸 신		얻을 득	부처 불	슬기 지	지혜 혜

성	등	정	각		국	토	청	정
成	等	正	覺		國	土	清	淨
이룰 성	같을 등	바를 정	깨달을 각		나라 국	흙 토	맑을 청	깨끗할 정

도	탈	무	량		만	억	중	생
度	脫	無	量		萬	億	衆	生
건널 도	벗을 탈	없을 무	헤아릴 량		일만 만	억 억	무리 중	날 생

개	위	시	방		지	소	공	양
皆	爲	十	方		之	所	供	養
다 개	할 위	열 십(시)	방위 방		어조사 지	바 소	이바지할공	기를 양

> 또한 꽃과 향으로써 사리에 공양드리고
> 윤회의 마지막 몸으로 부처님 지혜 얻어 등정각을 이루리라.
> 그 부처님 세계 맑고 깨끗하며 한량없는 만억 중생들을
> 제도하고 해탈하여 시방 중생들의 모든 공양을 받으리니,

불	지	광	명		무	능	승	자
佛	之	光	明		無	能	勝	者
부처 불	어조사 지	빛 광	밝을 명		없을 무	능할 능	이길 승	놈 자

기	불	호	왈		염	부	금	광
其	佛	號	曰		閻	浮	金	光
그 기	부처 불	이름 호	가로 왈		마을 염	뜰 부	쇠 금	빛 광

보	살	성	문		단	일	체	유
菩	薩	聲	聞		斷	一	切	有
보리 보	보살 살	소리 성	들을 문		끊을 단	한 일	모두 체	있을 유

무	량	무	수		장	엄	기	국
無	量	無	數		莊	嚴	其	國
없을 무	헤아릴 량	없을 무	셀 수		꾸밀 장	엄할 엄	그 기	나라 국

이	시	세	존		부	고	대	중
爾	時	世	尊		復	告	大	衆
그 이	때 시	세상 세	높을 존		다시 부	알릴 고	큰 대	무리 중

> 부처님 광명보다 더 밝은 것이 없어서 부처님 이름도
> 염부금광불이며 일체 존재의 모든 미혹을 끊은
> 무량무수한 보살 성문들이 그 세계를 장엄하리라.
> 그때 세존께서 다시 대중들에게 이르시었다.

아	금	어	여		시	대	목	건	련
我	今	語	汝		是	大	目	揵	連
나 아	이제 금	말씀 어	너 여		이 시	큰 대	눈 목	불깐소 건	잇당을 련

당	이	종	종	공	구		공	양	팔
當	以	種	種	供	具		供	養	八
마땅히 당	써 이	종류 종	종류 종	이바지할 공	갖출 구		이바지할 공	기를 양	여덟 팔

천	제	불		공	경	존	중		제
千	諸	佛		恭	敬	尊	重		諸
일천 천	모든 제	부처 불		공손할 공	공경할 경	높을 존	무거울 중		모든 제

불	멸	후		각	기	탑	묘		고
佛	滅	後		各	起	塔	廟		高
부처 불	멸할 멸	뒤 후		각각 각	일어날 기	탑 탑	사당 묘		높을 고

천	유	순		종	광	정	등		오
千	由	旬		縱	廣	正	等		五
일천 천	유순 유	유순 순		세로 종	가로 광	바를 정	같을 등		다섯 오

"내가 지금 너희들에게 이르노니, 마하목건련은 오는 세상에
여러 가지 공양물로 팔천 분의 부처님들께 공양드리고 공경하고 존중하리라.
그리고 부처님들께서 열반하신 뒤 각각 탑을 세우는데,
높이는 천 유순이고 가로와 세로는 똑같이

백	유	순		개	이	금	은	유	리
百	由	旬		皆	以	金	銀	琉	璃
일백 백	유순 유	유순 순		다 개	써 이	쇠 금	은 은	유리 유	유리 리

자	거	마	노		진	주	매	괴
硨	磲	瑪	瑙		眞	珠	玫	瑰
옥돌 자	옥돌 거	마노 마	마노 노		참 진	구슬 주	매괴 매	구슬이름 괴

칠	보	합	성		중	화	영	락
七	寶	合	成		衆	華	瓔	珞
일곱 칠	보배 보	합할 합	이룰 성		무리 중	꽃 화	구슬목걸이 영	구슬목걸이 락

도	향	말	향	소	향		증	개	당
塗	香	抹	香	燒	香		繒	蓋	幢
바를 도	향기 향	가루 말	향기 향	사를 소	향기 향		비단 증	덮개 개	기 당

번		이	용	공	양		과	시	이
幡		以	用	供	養		過	是	已
기 번		써 이	쓸 용	이바지할 공	기를 양		지날 과	이 시	이미 이

오백 유순이리라. 금·은·유리·자거·마노·
진주·매괴의 칠보로 조성하고, 여러 가지 꽃과 영락·
바르는 향·가루향·사르는 향·비단일산·깃발 등으로
탑묘에 공양하리라. 그런 뒤에

후		당	부	공	양		이	백	만
後		當	復	供	養		二	百	萬
뒤 후		마땅히 당	다시 부	이바지할 공	기를 양		두 이	일백 백	일만 만

억	제	불		역	부	여	시		당
億	諸	佛		亦	復	如	是		當
억 억	모든 제	부처 불		또 역	다시 부	같을 여	이 시		마땅히 당

득	성	불		호	왈		다	마	라
得	成	佛		號	曰		多	摩	羅
얻을 득	이룰 성	부처 불		이름 호	가로 왈		많을 다	갈 마	새그물 라

발	전	단	향	여	래		응	공	
跋	栴	檀	香	如	來		應	供	
밟을 발	단향목 전	단향목 단	향기 향	같을 여	올 래		응당히 응	이바지할 공	

정	변	지		명	행	족		선	서
正	遍	知		明	行	足		善	逝
바를 정	두루 편(변)	알 지		밝을 명	행할 행	족할 족		착할 선	갈 서

다시 이백만억 부처님들께도 역시 그와 같이
공양드린 다음에 마땅히 성불하리니,
부처님 이름은 다마라발전단향여래·
응공·정변지·명행족·선서·

세	간	해		무	상	사		조	어
世	間	解		無	上	士		調	御
세상 세	사이 간	풀 해		없을 무	위 상	선비 사		고를 조	길들일 어

장	부		천	인	사		불	세	존
丈	夫		天	人	師		佛	世	尊
어른 장	사나이 부		하늘 천	사람 인	스승 사		부처 불	세상 세	높을 존

겁	명	희	만		국	명	의	락
劫	名	喜	滿		國	名	意	樂
겁 겁	이름 명	기쁠 희	찰 만		나라 국	이름 명	뜻 의	즐길 락

기	토	평	정		파	려	위	지
其	土	平	正		玻	瓈	爲	地
그 기	흙 토	평평할 평	바를 정		파려옥 파	파려옥 려	할 위	땅 지

보	수	장	엄		산	진	주	화
寶	樹	莊	嚴		散	眞	珠	華
보배 보	나무 수	꾸밀 장	엄할 엄		흩을 산	참 진	구슬 주	꽃 화

세간해 · 무상사 · 조어장부 · 천인사 · 불세존이니라.
시대의 이름은 희만이며 세계의 이름은 의락이니라.
그 땅은 평탄하고 반듯하며, 파려보배로 땅이 되고 보배나무로
찬란하게 장엄되리라. 진주로 된 아름나운 꽃을 흩뿌려서

주	변	청	정		견	자	환	희	
周	遍	清	淨		見	者	歡	喜	
두루주	두루편(변)	맑을 청	깨끗할 정		볼 견	놈 자	기쁠 환	기쁠 희	

다	제	천	인		보	살	성	문	
多	諸	天	人		菩	薩	聲	聞	
많을 다	모든 제	하늘 천	사람 인		보리 보	보살 살	소리 성	들을 문	

기	수	무	량		불	수		이	십
其	數	無	量		佛	壽		二	十
그 기	셀 수	없을 무	헤아릴 량		부처 불	목숨 수		두 이	열 십

사	소	겁		정	법	주	세		사
四	小	劫		正	法	住	世		四
넉 사	작을 소	겁 겁		바를 정	법 법	머물 주	세상 세		넉 사

십	소	겁		상	법	역	주		사
十	小	劫		像	法	亦	住		四
열 십	작을 소	겁 겁		형상 상	법 법	또 역	머물 주		넉 사

주변이 두루 청정하매 보는 자마다 기뻐하리라. (다른 악도는 없이)
하늘천신과 사람들이 대부분이며, 보살과 성문들도 한량없이 많으리라.
그 부처님의 수명은 이십사 소겁이며,
정법이 세상에 머무는 기간은 사십 소겁이고 상법도 또한

십	소	겁		이	시	세	존		욕
十	小	劫		爾	時	世	尊		欲
열 십	작을 소	겁 겁		그 이	때 시	세상 세	높을 존		하고자할 욕

중	선	차	의		이	설	게	언
重	宣	此	義		而	說	偈	言
거듭할 중	베풀 선	이 차	의미 의		말이을 이	말씀 설	게송 게	말씀 언

아	차	제	자		대	목	건	련
我	此	弟	子		大	目	揵	連
나 아	이 차	아우 제	아들 자		큰 대	눈 목	불깐소 건	잇닿을 련

사	시	신	이		득	견	팔	천
捨	是	身	已		得	見	八	千
버릴 사	이 시	몸 신	마칠 이		얻을 득	볼 견	여덟 팔	일천 천

이	백	만	억		제	불	세	존
二	百	萬	億		諸	佛	世	尊
두 이	일백 백	일만 만	억 억		모든 제	부처 불	세상 세	높을 존

사십 소겁 동안 머무르리라."
그때 세존께서 거듭 의미를 표현하시고자 게송으로 말씀하셨다.
　　　나의 제자 대목건련은 현재의 몸을 마친 다음
　　　팔천 부처님들과 이백만억 부처님들을 친견해서,

위	불	도	고		공	양	공	경
爲	佛	道	故		供	養	恭	敬
위할 위	부처 불	길 도	연고 고		이바지할 공	기를 양	공손할 공	공경할 경

어	제	불	소		상	수	범	행
於	諸	佛	所		常	修	梵	行
어조사 어	모든 제	부처 불	곳 소		항상 상	닦을 수	깨끗할 범	행할 행

어	무	량	겁		봉	지	불	법
於	無	量	劫		奉	持	佛	法
어조사 어	없을 무	헤아릴 량	겁 겁		받들 봉	가질 지	부처 불	법 법

제	불	멸	후		기	칠	보	탑
諸	佛	滅	後		起	七	寶	塔
모든 제	부처 불	멸할 멸	뒤 후		일어날 기	일곱 칠	보배 보	탑 탑

장	표	금	찰		화	향	기	악
長	表	金	刹		華	香	伎	樂
길 장	표할 표	쇠 금	절 찰		꽃 화	향기 향	재주 기	풍류 악

불도를 위하여 부처님께 공양 올리고 공경함은 물론
부처님들 처소에서 늘 범행을 닦으며 한량없는 세월 동안
불법을 받들어 지키리라. 부처님들 열반하신 후엔 칠보탑을 조성하되
황금 찰간을 높이 세우고 꽃과 향 그리고 음악으로써

이	이	공	양		제	불	탑	묘
而	以	供	養		諸	佛	塔	廟
말이을 이	써 이	이바지할 공	기를 양		모든 제	부처 불	탑 탑	사당 묘

점	점	구	족		보	살	도	이
漸	漸	具	足		菩	薩	道	已
점점 점	점점 점	갖출 구	족할 족		보리 보	보살 살	길 도	마칠 이

어	의	락	국		이	득	작	불
於	意	樂	國		而	得	作	佛
어조사 어	뜻 의	즐길 락	나라 국		말이을 이	얻을 득	지을 작	부처 불

호	다	마	라		전	단	지	향
號	多	摩	羅		栴	檀	之	香
이름 호	많을 다	갈 마	새그물 라		단향목 전	단향목 단	어조사 지	향기 향

기	불	수	명		이	십	사	겁
其	佛	壽	命		二	十	四	劫
그 기	부처 불	목숨 수	목숨 명		두 이	열 십	넉 사	겁 겁

모든 부처님들 탑에 공양 올리다가,
점점 보살도를 갖추어 의락국에서 성불하리니
부처님 이름은 다마라발전단향불이며
수명은 이십사 소겁이리라.

상	위	천	인		연	설	불	도
常	爲	天	人		演	說	佛	道
항상 상	위할 위	하늘 천	사람 인		펼 연	말씀 설	부처 불	길 도

성	문	무	량		여	항	하	사
聲	聞	無	量		如	恒	河	沙
소리 성	들을 문	없을 무	헤아릴 량		같을 여	항상 항	물 하	모래 사

삼	명	육	통		유	대	위	덕
三	明	六	通		有	大	威	德
석 삼	밝을 명	여섯 육	통할 통		있을 유	큰 대	위엄 위	덕 덕

보	살	무	수		지	고	정	진
菩	薩	無	數		志	固	精	進
보리 보	보살 살	없을 무	셀 수		뜻 지	굳을 고	정미할 정	나아갈 진

어	불	지	혜		개	불	퇴	전
於	佛	智	慧		皆	不	退	轉
어조사 어	부처 불	슬기 지	지혜 혜		다 개	아닐 불	물러날 퇴	구를 전

항상 하늘천신과 사람들 위해 불도를 연설하시니
성문들 한량없어 항하의 모래알처럼 많으며 삼명과 육신통으로
커다란 위덕 갖추고, 보살들도 무수히 많거늘 뜻이 견고한 데다
부지런히 정진하여 부처님 지혜에서 모두 퇴전하지 않으리라.

불	멸	도	후		정	법	당	주
佛	滅	度	後		正	法	當	住
부처 불	멸할 멸	건널 도	뒤 후		바를 정	법 법	마땅히 당	머물 주

사	십	소	겁		상	법	역	이
四	十	小	劫		像	法	亦	爾
넉 사	열 십	작을 소	겁 겁		형상 상	법 법	또 역	그 이

아	제	제	자		위	덕	구	족
我	諸	弟	子		威	德	具	足
나 아	모든 제	아우 제	아들 자		위엄 위	덕 덕	갖출 구	족할 족

기	수	오	백		개	당	수	기
其	數	五	百		皆	當	授	記
그 기	셀 수	다섯 오	일백 백		다 개	마땅히 당	줄 수	기록할 기

어	미	래	세		함	득	성	불
於	未	來	世		咸	得	成	佛
어조사 어	아닐 미	올 래	세상 세		다 함	얻을 득	이룰 성	부처 불

그 부처님 열반하신 뒤 정법은 사십 소겁 동안 머물고
상법도 역시 사십 소겁 동안 머무르리라.
또 나의 여러 제자들 위엄과 덕을 구족한 자가 오백 명이거늘
그들에게도 모두 마땅히 수기하리니 미래세에 전부 다 성불하리라.

아	금	여	등		숙	세	인	연
我	及	汝	等		宿	世	因	緣
나 아	및 급	너 여	무리 등		묵을 숙	세상 세	인할 인	인연 연

오	금	당	설		여	등	선	청
吾	今	當	說		汝	等	善	聽
나 오	이제 금	마땅히 당	말씀 설		너 여	무리 등	착할 선	들을 청

나와 너희들의 지나간 세상 인연을
내 지금 마땅히 설하리니
너희들은 잘 들을지니라.

제	칠		화	성	유	품			
第	七		化	城	喩	品			
차례 제	일곱 칠		화할 화	성 성	비유할 유	가지 품			

불	고	제	비	구		내	왕	과	거
佛	告	諸	比	丘		乃	往	過	去
부처 불	알릴 고	모든 제	견줄 비	언덕 구		이에 내	갈 왕	지날 과	갈 거

무	량	무	변		불	가	사	의	
無	量	無	邊		不	可	思	議	
없을 무	헤아릴 량	없을 무	가 변		아닐 불	가히 가	생각할 사	의논할 의	

아	승	기	겁		이	시	유	불	
阿	僧	祇	劫		爾	時	有	佛	
언덕 아	중 승	토지신 기	겁 겁		그 이	때 시	있을 유	부처 불	

명	대	통	지	승	여	래		응	공
名	大	通	智	勝	如	來		應	供
이름 명	큰 대	통할 통	슬기 지	수승할 승	같을 여	올 래		응당히 응	이바지할 공

제7 화성유품
부처님께서 모든 비구들에게 이르시었다.
"지나간 옛적 한량없고 그지없으며 이루 헤아릴 수 없도록 머나먼 아승기 겁 이전에
그 당시 부처님께서 계셨느니라. 부처님의 이름은 대통지승여래·응공·

정	변	지		명	행	족		선	서
正	遍	知		明	行	足		善	逝
바를 정	두루 편(변)	알 지		밝을 명	행할 행	족할 족		착할 선	갈 서

세	간	해		무	상	사		조	어
世	間	解		無	上	士		調	御
세상 세	사이 간	풀 해		없을 무	위 상	선비 사		고를 조	길들일 어

장	부		천	인	사		불	세	존
丈	夫		天	人	師		佛	世	尊
어른 장	사나이 부		하늘 천	사람 인	스승 사		부처 불	세상 세	높을 존

기	국	명	호	성		겁	명	대	상
其	國	名	好	成		劫	名	大	相
그 기	나라 국	이름 명	좋을 호	이룰 성		겁 겁	이름 명	큰 대	모양 상

제	비	구		피	불	멸	도	이	래
諸	比	丘		彼	佛	滅	度	已	來
모든 제	견줄 비	언덕 구		저 피	부처 불	멸할 멸	건널 도	이미 이	올 래

정변지·명행족·선서·세간해·무상사·조어장부·
천인사·불세존이셨고, 세계의 이름은 호성이었으며
시대의 이름은 대상이었느니라. 모든 비구들아!
그 부처님께서 열반하신 지는

심	대	구	원		비	여	삼	천	대
甚	大	久	遠		譬	如	三	千	大
심할 심	큰 대	오랠 구	멀 원		비유할 비	같을 여	석 삼	일천 천	큰 대

천	세	계		소	유	지	종		가
千	世	界		所	有	地	種		假
일천 천	세상 세	지경 계		바 소	있을 유	땅 지	종류 종		거짓 가

사	유	인		마	이	위	묵		과
使	有	人		磨	以	爲	墨		過
가령 사	있을 유	사람 인		갈 마	써 이	할 위	먹 묵		지날 과

어	동	방	천	국	토		내	하	일
於	東	方	千	國	土		乃	下	一
어조사 어	동녘 동	방위 방	일천 천	나라 국	흙 토		이에 내	내릴 하	한 일

점		대	여	미	진		우	과	천
點		大	如	微	塵		又	過	千
점 점		큰 대	같을 여	작을 미	티끌 진		또 우	지날 과	일천 천

아주 오래 되었느니라. 예를 들어 삼천대천 온 세계에 있는
모든 땅덩어리를 어떤 사람이 갈아서 먹을 만들어,
동쪽으로 천 세계를 지나갈 때마다 먹물 한 방울씩 떨어뜨리되
제일 큰 것이 먼지 티끌 정도라고 하자.

제7 화성유품

국	토		부	하	일	점		여	시
國	土		復	下	一	點		如	是
나라국	흙토		다시부	내릴하	한일	점점		같을여	이시

전	전		진	지	종	묵		어	여
展	轉		盡	地	種	墨		於	汝
펼전	구를전		다할진	땅지	종류종	먹묵		어조사어	너여

등	의	운	하		시	제	국	토
等	意	云	何		是	諸	國	土
무리등	뜻의	이를운	어찌하		이시	모든제	나라국	흙토

약	산	사		약	산	사	제	자
若	算	師		若	算	師	弟	子
만약약	셀산	스승사		만약약	셀산	스승사	아우제	아들자

능	득	변	제		지	기	수	부
能	得	邊	際		知	其	數	不
능할능	얻을득	가변	가제		알지	그기	셀수	아닐부

이렇게 천 세계를 지날 때마다 한 방울씩 떨어뜨리기를 계속 되풀이하여,
마침내 땅덩어리의 먹을 다 썼다면 너희들은 어떻게 생각하느냐?
가령 아무리 셈이 빠른 선생이나 제자라 할지라도 먹물을 떨어뜨리고 지나간
그 모든 세계들의 숫자를 다 알 수 있겠느냐?"

불	야	세	존		제	비	구		시
不	也	世	尊		諸	比	丘		是
아닐 불	어조사 야	세상 세	높을 존		모든 제	견줄 비	언덕 구		이 시

인		소	경	국	토		약	점	부
人		所	經	國	土		若	點	不
사람 인		바 소	지날 경	나라 국	흙 토		만약 약	점 점	아닐 부

점		진	말	위	진		일	진	일
點		盡	末	爲	塵		一	塵	一
점 점		다할 진	끝 말	할 위	티끌 진		한 일	티끌 진	한 일

겁		피	불		멸	도	이	래	
劫		彼	佛		滅	度	已	來	
겁 겁		저 피	부처 불		멸할 멸	건널 도	이미 이	올 래	

부	과	시	수		무	량	무	변	
復	過	是	數		無	量	無	邊	
다시 부	지날 과	이 시	셀 수		없을 무	헤아릴 량	없을 무	가 변	

"알 수 없습니다, 세존이시여!"
"모든 비구들아! 더욱이 그 사람이 지나간 국토 가운데에 먹물이 떨어진 곳과
떨어지지 않은 곳을 전부 다시 부수어 티끌을 만들었다고 하자. 그 티끌 하나하나를
일 겁으로 치더라도, 대통지승 부처님께서 열반하신 지는 그보다 훨씬 오래되어 한량없고 그지없는

백	천	만	억		아	승	기	겁	
百	千	萬	億		阿	僧	祇	劫	
일백 백	일천 천	일만 만	억 억		언덕 아	중 승	토지신 기	겁 겁	

아	이	여	래		지	견	력	고	
我	以	如	來		知	見	力	故	
나 아	써 이	같을 여	올 래		알 지	볼 견	힘 력	연고 고	

관	피	구	원		유	약	금	일	
觀	彼	久	遠		猶	若	今	日	
볼 관	저 피	오랠 구	멀 원		같을 유	같을 약	이제 금	날 일	

이	시	세	존		욕	중	선	차	의
爾	時	世	尊		欲	重	宣	此	義
그 이	때 시	세상 세	높을 존		하고자할 욕	거듭할 중	베풀 선	이 차	의미 의

이	설	게	언		아	념	과	거	세
而	說	偈	言		我	念	過	去	世
말이을 이	말씀 설	게송 게	말씀 언		나 아	생각할 념	지날 과	갈 거	세상 세

백천만억 아승기 겁이 지났느니라. 하지만 나는 여래의 지혜묘력을 사용하므로, 그렇게 오래된 옛일을 마치 오늘 일처럼 환히 내다보느니라."
그때 세존께서 거듭 의미를 표현하시고자 게송으로 말씀하셨다.
　　내가 생각하니 지난 세상

무	량	무	변	겁		유	불	양	족
無	量	無	邊	劫		有	佛	兩	足
없을무	헤아릴량	없을무	가변	겁겁		있을유	부처불	두양	족할족

존		명	대	통	지	승		여	인
尊		名	大	通	智	勝		如	人
높을존		이름명	큰대	통할통	슬기지	수승할승		같을여	사람인

이	력	마		삼	천	대	천	토	
以	力	磨		三	千	大	千	土	
써이	힘력	갈마		석삼	일천천	큰대	일천천	흙토	

진	차	제	지	종		개	실	이	위
盡	此	諸	地	種		皆	悉	以	爲
다할진	이차	모든제	땅지	종류종		다개	다실	써이	할위

묵		과	어	천	국	토		내	하
墨		過	於	千	國	土		乃	下
먹묵		지날과	어조사어	일천천	나라국	흙토		이에내	내릴하

한량없고 그지없는 겁 이전에 부처님 양족존께서 계셨으니
이름은 대통지승불이시니라.
예를 들어 어떤 사람이 힘으로 삼천대천의 온 세계
모든 땅덩어리를 갈아서 먹을 만들어 천 세계를 지날 때마다

일	진	점		여	시	전	전	점	
一	塵	點		如	是	展	轉	點	
한일	티끌진	점점		같을여	이시	펼전	구를전	점점	

진	차	제	진	묵		여	시	제	국
盡	此	諸	塵	墨		如	是	諸	國
다할진	이차	모든제	티끌진	먹묵		같을여	이시	모든제	나라국

토		점	여	부	점	등		부	진
土		點	與	不	點	等		復	盡
흙토		점점	더불어여	아닐부	점점	무리등		다시부	다할진

말	위	진		일	진	위	일	겁	
末	爲	塵		一	塵	爲	一	劫	
끝말	할위	티끌진		한일	티끌진	할위	한일	겁겁	

차	제	미	진	수		기	겁	부	과
此	諸	微	塵	數		其	劫	復	過
이차	모든제	작을미	티끌진	셀수		그기	겁겁	다시부	지날과

먹물 한 방울씩 떨어뜨리고 이렇게 하기를 되풀이하여 먹물을 다 썼다고 하자.
또 그와 같은 모든 국토의 먹물 떨어진 곳과 떨어지지 않은 곳을
전부 다시 부수어 티끌을 만들어서 티끌 하나하나를 일 겁으로 치더라도,
그 모든 티끌수보다 대통지승불 열반하신 겁 수가 훨씬 많나니

시		피	불	멸	도	래		여	시
是		彼	佛	滅	度	來		如	是
이 시		저 피	부처 불	멸할 멸	건널 도	올 래		같을 여	이 시

무	량	겁		여	래	무	애	지	
無	量	劫		如	來	無	礙	智	
없을 무	헤아릴 량	겁 겁		같을 여	올 래	없을 무	거리낄 애	슬기 지	

지	피	불	멸	도		급	성	문	보
知	彼	佛	滅	度		及	聲	聞	菩
알 지	저 피	부처 불	멸할 멸	건널 도		및 급	소리 성	들을 문	보리 보

살		여	견	금	멸	도		제	비
薩		如	見	今	滅	度		諸	比
보살 살		같을 여	볼 견	이제 금	멸할 멸	건널 도		모든 제	견줄 비

구	당	지		불	지	정	미	묘	
丘	當	知		佛	智	淨	微	妙	
언덕 구	마땅히 당	알 지		부처 불	슬기 지	깨끗할 정	작을 미	묘할 묘	

저 대통지승 부처님 열반하신 지는 참으로 오랜 무량겁이로다.
그러나 여래는 걸림 없는 지혜로 저 부처님께서 열반하시던 모습과
당시의 성문·보살들까지 지금 열반함을 보듯이 환히 알거니,
모든 비구들은 마땅히 명심하되 부처님 지혜는 깨끗하고 미묘하며

무	루	무	소	애		통	달	무	량
無	漏	無	所	礙		通	達	無	量
없을 무	샐 루	없을 무	바 소	거리낄 애		통할 통	통달할 달	없을 무	헤아릴 량

겁		불	고	제	비	구		대	통
劫		佛	告	諸	比	丘		大	通
겁 겁		부처 불	알릴 고	모든 제	견줄 비	언덕 구		큰 대	통할 통

지	승	불	수		오	백	사	십	만
智	勝	佛	壽		五	百	四	十	萬
슬기 지	수승할 승	부처 불	목숨 수		다섯 오	일백 백	넉 사	열 십	일만 만

억		나	유	타	겁		기	불	
億		那	由	他	劫		其	佛	
억 억		어찌 나	말미암을 유	다를 타	겁 겁		그 기	부처 불	

본	좌	도	량		파	마	군	이	
本	坐	道	場		破	魔	軍	已	
근본 본	앉을 좌	길 도	마당 장(량)		깨뜨릴 파	마귀 마	군사 군	마칠 이	

번뇌 없고 장애될 것조차 없어서 한량없는 겁 이전까지 모두 통달하노라.
부처님께서 모든 비구들에게 이르시었다.
"대통지승 부처님의 수명은 오백사십만억 나유타 겁이었느니라.
그 부처님께서 본디 도량에 앉으사 마군중을 쳐부수고

수	득	아	뇩	다	라	삼	먁	삼	보
垂	得	阿	耨	多	羅	三	藐	三	菩
드리울 수	얻을 득	언덕 아	김맬 누(뇩)	많을 다	새그물 라	석 삼	아득할 막(먁)	석 삼	보리 보

리		이	제	불	법		불	현	재
提		而	諸	佛	法		不	現	在
끌 제(리)		말이을 이	모든 제	부처 불	법 법		아닐 불	나타날 현	있을 재

전		여	시	일	소	겁		내	지
前		如	是	一	小	劫		乃	至
앞 전		같을 여	이 시	한 일	작을 소	겁 겁		이에 내	이를 지

십	소	겁		결	가	부	좌		신
十	小	劫		結	跏	趺	坐		身
열 십	작을 소	겁 겁		맺을 결	책상다리 가	책상다리 부	앉을 좌		몸 신

심	부	동		이	제	불	법		유
心	不	動		而	諸	佛	法		猶
마음 심	아닐 부	움직일 동		말이을 이	모든 제	부처 불	법 법		오히려 유

아뇩다라삼먁삼보리를 거의 얻으셨으나,
모든 불법이 앞에 나타나지 않았느니라.
이렇게 하여 일 소겁이 지나고 십 소겁이 되도록 가부좌를 맺은 채
몸과 마음을 움직이지 아니하였건만, 모든 부처님의 법은

부	재	전		이	시		도	리	제
不	在	前		爾	時		忉	利	諸
아닐 부	있을 재	앞 전		그 이	때 시		근심할 도	이로울 리	모든 제

천		선	위	피	불		어	보	리
天		先	爲	彼	佛		於	菩	提
하늘 천		먼저 선	위할 위	저 피	부처 불		어조사 어	보리 보	끝 제(리)

수	하		부	사	자	좌		고	일
樹	下		敷	師	子	座		高	一
나무 수	아래 하		펼 부	스승 사	아들 자	자리 좌		높을 고	한 일

유	순		불	어	차	좌		당	득
由	旬		佛	於	此	座		當	得
유순 유	유순 순		부처 불	어조사 어	이 차	자리 좌		마땅히 당	얻을 득

아	뇩	다	라	삼	막	삼	보	리
阿	耨	多	羅	三	藐	三	菩	提
언덕 아	김맬 누(뇩)	많을 다	새그물 라	석 삼	아득할 막(먁)	석 삼	보리 보	끝 제(리)

아직도 앞에 나타나지 않았느니라.
그때에 도리천의 하늘천신들이 먼저 그 부처님을 위하여
보리수 아래에 사자좌를 마련하니 높이가 일 유순이었는데, 부처님께서
그 자리에 앉으시어 마땅히 아뇩다라삼먁삼보리 얻으시기를 바랬느니라.

적	좌	차	좌		시	제	범	천	왕
適	坐	此	座		時	諸	梵	天	王
마침 적	앉을 좌	이 차	자리 좌		때 시	모든 제	하늘 범	하늘 천	임금 왕

우	중	천	화		면	백	유	순	
雨	衆	天	華		面	百	由	旬	
비 우	무리 중	하늘 천	꽃 화		방위 면	일백 백	유순 유	유순 순	

향	풍	시	래		취	거	위	화	
香	風	時	來		吹	去	萎	華	
향기 향	바람 풍	때 시	올 래		불 취	갈 거	마를 위	꽃 화	

갱	우	신	자		여	시	부	절	
更	雨	新	者		如	是	不	絶	
다시 갱	비 우	새 신	놈 자		같을 여	이 시	아닐 부	끊을 절	

만	십	소	겁		공	양	어	불	
滿	十	小	劫		供	養	於	佛	
찰 만	열 십	작을 소	겁 겁		이바지할 공	기를 양	어조사 어	부처 불	

이윽고 마침 부처님께서 그 자리에 앉으시자, 당시 모든 범천왕들은
온갖 하늘꽃들을 꽃비로 내려서 주위 사면 백 유순이 온통 꽃밭이었느니라.
게다가 향기로운 바람이 때때로 불어와서 시든 꽃을 날려버리고 새 꽃을 뿌리곤 하였느니라.
이렇게 하기를 십 소겁 동안이나 쉬지 않고 대통지승 부처님께 공양하였을 뿐 아니라,

제7 화성유품

내	지	멸	도		상	우	차	화
乃	至	滅	度		常	雨	此	華
이에 내	이를 지	멸할 멸	건널 도		항상 상	비 우	이 차	꽃 화

사	왕	제	천		위	공	양	불
四	王	諸	天		爲	供	養	佛
넉 사	임금 왕	모든 제	하늘 천		위할 위	이바지할 공	기를 양	부처 불

상	격	천	고		기	여	제	천
常	擊	天	鼓		其	餘	諸	天
항상 상	칠 격	하늘 천	북 고		그 기	남을 여	모든 제	하늘 천

작	천	기	악		만	십	소	겁
作	天	伎	樂		滿	十	小	劫
지을 작	하늘 천	재주 기	풍류 악		찰 만	열 십	작을 소	겁 겁

지	우	멸	도		역	부	여	시
至	于	滅	度		亦	復	如	是
이를 지	어조사 우	멸할 멸	건널 도		또 역	다시 부	같을 여	이 시

부처님께서 열반하실 때까지 항상 꽃비를 내렸느니라. 사천왕의 여러 하늘천신들은
언제나 부처님께 공양하기 위하여 하늘북을 두둥둥~ 울렸느니라.
그 나머지 다른 하늘천신들도 하늘악기를 연주하되 십 소겁 동안을 쉬지 않고 연주했으며,
부처님께서 열반하실 때까지 모두 그와 같이 연주하였느니라.

제	비	구		대	통	지	승	불
諸	比	丘		大	通	智	勝	佛
모든 제	견줄 비	언덕 구		큰 대	통할 통	슬기 지	수승할 승	부처 불

과	십	소	겁		제	불	지	법
過	十	小	劫		諸	佛	之	法
지날 과	열 십	작을 소	겁 겁		모든 제	부처 불	어조사 지	법 법

내	현	재	전		성	아	뇩	다	라
乃	現	在	前		成	阿	耨	多	羅
이에 내	나타날 현	있을 재	앞 전		이룰 성	언덕 아	김맬 누(뇩)	많을 다	새그물 라

삼	먁	삼	보	리		기	불		미
三	藐	三	菩	提		其	佛		未
석 삼	아득할 먁(먁)	석 삼	보리 보	끌 제(리)		그 기	부처 불		아닐 미

출	가	시		유	십	육	자		기
出	家	時		有	十	六	子		其
날 출	집 가	때 시		있을 유	열 십	여섯 육	아들 자		그 기

여러 비구들아!
대통지승 부처님께서는 십 소겁이 지나서야
모든 부처님의 법이 눈앞에 나타나 아뇩다라삼먁삼보리를 이루셨느니라.
그 부처님께서 출가하시기 전에 열여섯 명의 아들을 두셨는데,

제	일	자		명	왈	지	적		제
第	一	者		名	曰	智	積		諸
차례 제	한 일	놈 자		이름 명	가로 왈	슬기 지	쌓을 적		모든 제

자	각	유		종	종	진	이		완
子	各	有		種	種	珍	異		玩
아들 자	각각 각	있을 유		종류 종	종류 종	보배 진	다를 이		장난할 완

호	지	구		문	부	득	성		아
好	之	具		聞	父	得	成		阿
좋을 호	어조사 지	갖출 구		들을 문	아비 부	얻을 득	이룰 성		언덕 아

뇩	다	라	삼	막	삼	보	리		개
耨	多	羅	三	藐	三	菩	提		皆
김맬 누(뇩)	많을 다	새그물 라	석 삼	아득할 막(먁)	석 삼	보리 보	끌 제(리)		다 개

사	소	진		왕	예	불	소		제
捨	所	珍		往	詣	佛	所		諸
버릴 사	바 소	보배 진		갈 왕	이를 예	부처 불	곳 소		모든 제

그 첫째 아들을 '지적' 이라고 불렀느니라. 모든 왕자들은
각각 여러 가지의 진귀하고 기이한 장난감들을 가지고 있었느니라.
그러나 아버지께서 아뇩다라삼먁삼보리를 이루셨다는 말을 듣자
모두 진귀한 장난감들을 내버리고, 부처님 계신 데로 가려고 집을 떠나니

모	체	읍		이	수	송	지	기
母	涕	泣		而	隨	送	之	其
어미 모	눈물 체	울 읍		말이을 이	따를 수	보낼 송	어조사 지	그 기

조	전	륜	성	왕	여	일	백	대
祖	轉	輪	聖	王	與	一	百	大
할아비 조	구를 전	바퀴 륜	성인 성	임금 왕	더불어 여	한 일	일백 백	큰 대

신		급	여	백	천	만	억	인
臣		及	餘	百	千	萬	億	人
신하 신		및 급	남을 여	일백 백	일천 천	일만 만	억 억	사람 인

민	개	공	위	요	수	지	도
民	皆	共	圍	繞	隨	至	道
백성 민	다 개	함께 공	두를 위	두를 요	따를 수	이를 지	길 도

량	함	욕	친	근	대	통	지
場	咸	欲	親	近	大	通	智
마당 장(량)	다 함	하고자할 욕	친할 친	가까울 근	큰 대	통할 통	슬기 지

어머니들은 눈물로 전송하였느니라.
그 할아버지인 전륜성왕은 백 명의 대신들과
나머지 백천만억 명의 백성들에게 둘러싸여 부처님 도량에
이르렀느니라. 전부 대통지승여래를 가까이 모시고

승	여	래		공	양	공	경		존
勝	如	來		供	養	恭	敬		尊
수승할 승	같을 여	올 래		이바지할 공	기를 양	공손할 공	공경할 경		높을 존

중	찬	탄		도	이	두	면	예	족
重	讚	歎		到	已	頭	面	禮	足
무거울 중	칭찬할 찬	찬탄할 탄		이를 도	마칠 이	머리 두	낯 면	예도 예	발 족

요	불	필	이		일	심	합	장
繞	佛	畢	已		一	心	合	掌
두를 요	부처 불	마칠 필	마칠 이		한 일	마음 심	합할 합	손바닥 장

첨	앙	세	존		이	게	송	왈
瞻	仰	世	尊		以	偈	頌	曰
볼 첨	우러를 앙	세상 세	높을 존		써 이	게송 게	기릴 송	가로 왈

대	위	덕	세	존		위	도	중	생
大	威	德	世	尊		爲	度	衆	生
큰 대	위엄 위	덕 덕	세상 세	높을 존		위할 위	건널 도	무리 중	날 생

공양 올리며 공경하고 존중히 찬탄하고 싶어했느니라. 그래서 그들은 도량에 이르러 머리 숙여
부처님 발에 절한 다음 부처님 주위를 공손히 돌았느니라. 이윽고 모두 한 마음으로 합장한 채,
세존을 우러러보며 게송으로써 부처님을 칭송하였느니라.
　'큰 위덕 갖추신 세존이시여! 중생들 제도하시려고

고		어	무	량	억	겁		이	내
故		於	無	量	億	劫		爾	乃
연고 고		어조사 어	없을 무	헤아릴 량	억 억	겁 겁		그 이	이에 내

득	성	불		제	원	이	구	족
得	成	佛		諸	願	已	具	足
얻을 득	이룰 성	부처 불		모든 제	원할 원	이미 이	갖출 구	족할 족

선	재	길	무	상		세	존	심	희
善	哉	吉	無	上		世	尊	甚	希
착할 선	어조사 재	길할 길	없을 무	위 상		세상 세	높을 존	심할 심	드물 희

유		일	좌	십	소	겁		신	체
有		一	坐	十	小	劫		身	體
있을 유		한 일	앉을 좌	열 십	작을 소	겁 겁		몸 신	몸 체

급	수	족		정	연	안	부	동
及	手	足		靜	然	安	不	動
및 급	손 수	발 족		고요할 정	그러할 연	편안할 안	아닐 부	움직일 동

한량없는 억 겁 지나 비로소 성불하시니, 모든 서원
이미 다 구족하시매 거룩하시며 더없이 길상하시나이다.
세존께서는 매우 희유하시어 한번 앉으사 십 소겁이 지나도록
신체도 수족도 고요히 안정되어 움직이지 않으시며

제7 화성유품

기	심	상	담	박		미	증	유	산
其	心	常	憺	怕		未	曾	有	散
그 기	마음 심	항상 상	편안할 담	고요할 박		아닐 미	일찍 증	있을 유	흩을 산

란		구	경	영	적	멸		안	주
亂		究	竟	永	寂	滅		安	住
어지러울 란		궁구할 구	다할 경	길 영	고요할 적	멸할 멸		편안할 안	머물 주

무	루	법		금	자	견	세	존	
無	漏	法		今	者	見	世	尊	
없을 무	샐 루	법 법		이제 금	놈 자	볼 견	세상 세	높을 존	

안	은	성	불	도		아	등	득	선
安	隱	成	佛	道		我	等	得	善
편안할 안	편안할 은	이룰 성	부처 불	길 도		나 아	무리 등	얻을 득	착할 선

리		칭	경	대	환	희		중	생
利		稱	慶	大	歡	喜		衆	生
이로울 리		일컬을 칭	경사 경	큰 대	기쁠 환	기쁠 희		무리 중	날 생

그 마음 역시 항상 담박하여 조금도 산란하지 않고
마침내 길이 적멸하여 편안히 무루법에 머무시거늘,
이제 세존께서 안온하게 성불하심을 뵈오니 저희들은 그로 인해
좋은 이익 얻어 경사스러워 하며 더욱 크게 환희하나이다.

상	고	뇌		맹	명	무	도	사
常	苦	惱		盲	瞑	無	導	師
항상상	괴로울고	괴로워할뇌		눈멀맹	눈어둘명	없을무	이끌도	스승사

불	식	고	진	도		부	지	구	해
不	識	苦	盡	道		不	知	求	解
아닐불	알식	괴로울고	다할진	길도		아닐부	알지	구할구	풀해

탈		장	야	증	악	취		감	손
脫		長	夜	增	惡	趣		減	損
벗을탈		길장	밤야	더할증	악할악	향할취		덜감	덜손

제	천	중		종	명	입	어	명
諸	天	衆		從	冥	入	於	冥
모든제	하늘천	무리중		좇을종	어두울명	들입	어조사어	어두울명

영	불	문	불	명		금	불	득	최
永	不	聞	佛	名		今	佛	得	最
길영	아닐불	들을문	부처불	이름명		이제금	부처불	얻을득	가장최

중생들이 항상 괴롭고 소경처럼 어두웁건만 인도해줄 스승이 없으니
고통 없애는 길조차 모르고 해탈을 구할 줄도 몰라서, 기나긴 세월 동안
악취만 늘고 하늘천신 무리는 줄어만 가거니 어두운 곳에서 어두운 곳으로 들어가
오래도록 부처님 이름도 듣지 못했나이다. 이제 부처님 가장 높고

상		안	은	무	루	도		아	등
上		安	隱	無	漏	道		我	等
위 상		편안할 안	편안할 은	없을 무	샐 루	길 도		나 아	무리 등

급	천	인		위	득	최	대	리
及	天	人		爲	得	最	大	利
및 급	하늘 천	사람 인		할 위	얻을 득	가장 최	큰 대	이로울 리

시	고	함	계	수		귀	명	무	상
是	故	咸	稽	首		歸	命	無	上
이 시	연고 고	다 함	조아릴 계	머리 수		돌아갈 귀	목숨 명	없을 무	위 상

존		이	시		십	육	왕	자
尊		爾	時		十	六	王	子
높을 존		그 이	때 시		열 십	여섯 육	임금 왕	아들 자

게	찬	불	이		권	청	세	존
偈	讚	佛	已		勸	請	世	尊
게송 게	칭찬할 찬	부처 불	마칠 이		권할 권	청할 청	세상 세	높을 존

> 편안한 무루도 얻으시어 저희를 포함한 하늘천신과 사람들이
> 가장 큰 이익 얻게 되니 그러므로 모두 머리 숙여
> 위없이 거룩하신 부처님께 목숨 바쳐 귀의하나이다.'
> 그때에 열여섯 왕자가 게송으로 부처님을 찬탄하고 나서, 세존께

전	어	법	륜		함	작	시	언
轉	於	法	輪		咸	作	是	言
구를 전	어조사 어	법 법	바퀴 륜		다 함	지을 작	이 시	말씀 언

세	존	설	법		다	소	안	은
世	尊	說	法		多	所	安	隱
세상 세	높을 존	말씀 설	법 법		많을 다	바 소	편안할 안	편안할 은

연	민	요	익		제	천	인	민
憐	愍	饒	益		諸	天	人	民
불쌍할 연	가엾을 민	넉넉할 요	더할 익		모든 제	하늘 천	사람 인	백성 민

중	설	게	언		세	웅	무	등	륜
重	說	偈	言		世	雄	無	等	倫
거듭할 중	말씀 설	게송 게	말씀 언		세상 세	뛰어날 웅	없을 무	같을 등	무리 륜

백	복	자	장	엄	득	무	상	지
百	福	自	莊	嚴	得	無	上	智
일백 백	복 복	스스로 자	꾸밀 장	엄할 엄	얻을 득	없을 무	위 상	슬기 지

법륜 굴려주시기를 간청하며 모두 이렇게 사뢰었느니라. '세존께서 법을 설해주시면 저희들이 크게 안락하며 편안하오리다. 그러니 모든 하늘천신과 사람들을 연민히 여기시고, 넉넉히 이익되게 해주시옵소서!' 이윽고 다시 게송으로,
    '세상의 영웅께서는 견줄 이 없을 만큼 백 가지 복덕의 모습으로
      스스로 장엄하셨으며 위없이 높은 지혜까지 얻으셨으니

혜		원	위	세	간	설		도	탈
慧		願	爲	世	間	說		度	脫
지혜 혜		원할 원	위할 위	세상 세	사이 간	말씀 설		건널 도	벗을 탈

어	아	등		급	제	중	생	류
於	我	等		及	諸	衆	生	類
어조사 어	나 아	무리 등		및 급	모든 제	무리 중	날 생	무리 류

위	분	별	현	시		영	득	시	지
爲	分	別	顯	示		令	得	是	智
위할 위	나눌 분	나눌 별	나타날 현	보일 시		하여금 영	얻을 득	이 시	슬기 지

혜		약	아	등	득	불		중	생
慧		若	我	等	得	佛		衆	生
지혜 혜		만약 약	나 아	무리 등	얻을 득	부처 불		무리 중	날 생

역	부	연		세	존	지	중	생
亦	復	然		世	尊	知	衆	生
또 역	다시 부	그러할 연		세상 세	높을 존	알 지	무리 중	날 생

부디 세간 중생을 위하여 설법해주소서!
저희들과 모든 중생 무리들이 해탈하도록 가르침을
분별하시고 보여주시어 부처님 지혜를 얻게 해서
저희가 성불하게 된다면 다른 중생들도 성불하리다. 세존께서 중생들

심	심	지	소	념		역	지	소	행
深	心	之	所	念		亦	知	所	行
깊을 심	마음 심	어조사 지	바 소	생각할 념		또 역	알 지	바 소	행할 행

도		우	지	지	혜	력		욕	락
道		又	知	智	慧	力		欲	樂
길 도		또 우	알 지	슬기 지	지혜 혜	힘 력		욕심 욕	즐길 락

급	수	복		숙	명	소	행	업
及	修	福		宿	命	所	行	業
및 급	닦을 수	복 복		묵을 숙	목숨 명	바 소	행할 행	업 업

세	존	실	지	이		당	전	무	상
世	尊	悉	知	已		當	轉	無	上
세상 세	높을 존	다 실	알 지	이미 이		마땅히 당	구를 전	없을 무	위 상

류		불	고	제	비	구		대	통
輪		佛	告	諸	比	丘		大	通
바퀴 류		부처 불	알릴 고	모든 제	견줄 비	언덕 구		큰 대	통할 통

마음속 깊이 생각하고 있는 것과 그 동안 수행해 온 경지까지 다 아시고 지혜의 힘과
　욕망·복덕·숙세에 지었던 업마저 모두 알고 계시니, 부디 위없는 법륜을 굴려주소서!'
이렇게 거듭 사뢰었느니라."
석가모니 부처님께서 모든 비구들에게 계속 말씀하셨다.

지	승	불		득	아	뇩	다	라	삼
智	勝	佛		得	阿	耨	多	羅	三
슬기 지	수승할 승	부처 불		얻을 득	언덕 아	김맬 누(뇩)	많을 다	새그물 라	석 삼

먁	삼	보	리	시		시	방		각
藐	三	菩	提	時		十	方		各
아득할 먁(막)	석 삼	보리 보	끌 제(리)	때 시		열 십(시)	방위 방		각각 각

오	백	만	억		제	불	세	계	
五	百	萬	億		諸	佛	世	界	
다섯 오	일백 백	일만 만	억 억		모든 제	부처 불	세상 세	지경 계	

육	종	진	동		기	국	중	간	
六	種	震	動		其	國	中	間	
여섯 육	종류 종	진동할 진	움직일 동		그 기	나라 국	가운데 중	사이 간	

유	명	지	처		일	월	위	광	
幽	冥	之	處		日	月	威	光	
그윽할 유	어두울 명	어조사 지	곳 처		해 일	달 월	위엄 위	빛 광	

"대통지승불께서 아뇩다라삼먁삼보리를 얻으셨을 때, 시방으로
각각 오백만억의 모든 부처님들 세계가 여섯 가지로 진동하였느니라.
그리고 심지어 세계와 세계 사이의 어두운 곳,
이를테면 해와 달의 광명조차

소	불	능	조		이	개	대	명
所	不	能	照		而	皆	大	明
바 소	아닐 불	능할 능	비출 조		말이을 이	다 개	큰 대	밝을 명

기	중	중	생		각	득	상	견
其	中	衆	生		各	得	相	見
그 기	가운데 중	무리 중	날 생		각각 각	얻을 득	서로 상	볼 견

함	작	시	언		차	중	운	하
咸	作	是	言		此	中	云	何
다 함	지을 작	이 시	말씀 언		이 차	가운데 중	이를 운	어찌 하

홀	생	중	생		우	기	국	계
忽	生	衆	生		又	其	國	界
문득 홀	날 생	무리 중	날 생		또 우	그 기	나라 국	지경 계

제	천	궁	전		내	지	범	궁
諸	天	宮	殿		乃	至	梵	宮
모든 제	하늘 천	집 궁	궁전 전		이에 내	이를 지	하늘 범	집 궁

비추지 못하던 캄캄한 곳들도 크게 밝아졌느니라.
그래서 그 속의 중생들이 제각기 서로 쳐다보면서, '이 가운데 어떻게 해서
홀연히 중생들이 생겨났을까?' 하고 저마다 중얼거릴 정도였느니라.
또 그 호성세계의 여러 천상과 범천의 궁전들도

육	종	진	동		대	광	보	조
六	種	震	動		大	光	普	照
여섯 육	종류 종	진동할 진	움직일 동		큰 대	빛 광	널리 보	비출 조

변	만	세	계		승	제	천	광
遍	滿	世	界		勝	諸	天	光
두루 편(변)	찰 만	세상 세	지경 계		이길 승	모든 제	하늘 천	빛 광

이	시	동	방		오	백	만	억
爾	時	東	方		五	百	萬	億
그 이	때 시	동녘 동	방위 방		다섯 오	일백 백	일만 만	억 억

제	국	토	중		범	천	궁	전
諸	國	土	中		梵	天	宮	殿
모든 제	나라 국	흙 토	가운데 중		하늘 범	하늘 천	집 궁	궁전 전

광	명	조	요		배	어	상	명
光	明	照	曜		倍	於	常	明
빛 광	밝을 명	비출 조	빛날 요		곱 배	어조사 어	항상 상	밝을 명

여섯 가지로 진동하였으며, 큰 광명이 온 세계 가득히 두루 비추니
다른 모든 천상의 광명보다도 더욱 밝고 수승하였느니라.
당시 동방의 오백만억 세계 가운데 있는 범천들의 궁전에도
밝은 광명이 비치었는데, 평상시 광명보다도 훨씬 몇 배나 밝았느니라.

제	범	천	왕		각	작	시	념
諸	梵	天	王		各	作	是	念
모든 제	하늘 범	하늘 천	임금 왕		각각 각	지을 작	이 시	생각 념

금	자	궁	전	광	명		석	소	미
今	者	宮	殿	光	明		昔	所	未
이제 금	놈 자	집 궁	궁전 전	빛 광	밝을 명		옛 석	바 소	아닐 미

유		이	하	인	연		이	현	차
有		以	何	因	緣		而	現	此
있을 유		써 이	어찌 하	인할 인	인연 연		말이을 이	나타날 현	이 차

상		시	시		제	범	천	왕
相		是	時		諸	梵	天	王
모양 상		이 시	때 시		모든 제	하늘 범	하늘 천	임금 왕

즉	각	상	예		공	의	차	사
即	各	相	詣		共	議	此	事
곧 즉	각각 각	서로 상	이를 예		함께 공	의논할 의	이 차	일 사

그래서 범천왕들은 각각 이렇게 생각하였느니라.
'지금 궁전을 비추고 있는 광명은 예전에 없던 것이다.
도대체 무슨 인연으로써 이러한 상서가 나타나는 것일까?'
이윽고 모든 범천왕들은 각기 서로 찾아가서 함께 그 일에 대해 의논하였느니라.

시	피	중	중		유	일	대	범	천
時	彼	衆	中		有	一	大	梵	天
때 시	저 피	무리 중	가운데 중		있을 유	한 일	큰 대	하늘 범	하늘 천

왕		명	구	일	체		위	제	범
王		名	救	一	切		爲	諸	梵
임금 왕		이름 명	건질 구	한 일	모두 체		위할 위	모든 제	하늘 범

중		이	설	게	언		아	등	제
衆		而	說	偈	言		我	等	諸
무리 중		말이을 이	말씀 설	게송 게	말씀 언		나 아	무리 등	모든 제

궁	전		광	명	석	미	유		차
宮	殿		光	明	昔	未	有		此
집 궁	궁전 전		빛 광	밝을 명	옛 석	아닐 미	있을 유		이 차

시	하	인	연		의	각	공	구	지
是	何	因	緣		宜	各	共	求	之
이 시	어찌 하	인할 인	인연 연		마땅할 의	각각 각	함께 공	구할 구	어조사 지

당시 그 대중 가운데 이름을 '구일체'라고 하는 어느 대범천왕이 있었는데,
그가 여러 범천 대중들을 위하여 게송으로 말하였느니라.
　'우리들의 모든 궁전을 비추는 이 광명은 예전에 없던 것이니,
　이것이 무슨 인연인가 마땅히 서로 함께 찾아보세나.

위	대	덕	천	생		위	불	출	세
爲	大	德	天	生		爲	佛	出	世
할위	큰대	덕덕	하늘천	날생		할위	부처불	날출	세상세

간		이	차	대	광	명		변	조
間		而	此	大	光	明		遍	照
사이 간		말이을 이	이 차	큰 대	빛 광	밝을 명		두루 편(변)	비출 조

어	시	방		이	시		오	백	만
於	十	方		爾	時		五	百	萬
어조사 어	열 십(시)	방위 방		그 이	때 시		다섯 오	일백 백	일만 만

억	국	토		제	범	천	왕		여
億	國	土		諸	梵	天	王		與
억 억	나라 국	흙 토		모든 제	하늘 범	하늘 천	임금 왕		더불어 여

궁	전	구		각	이	의	극		성
宮	殿	俱		各	以	衣	裓		盛
집 궁	궁전 전	함께 구		각각 각	써 이	옷 의	옷자락 극		담을 성

대덕이 하늘에 나시려는가?
부처님께서 세상에 출현하시려는가?
이토록 큰 광명이 시방세계를 두루 비추다니…….'
그때 동방의 오백만억 세계에 있는 범천왕들은 궁전과 함께 각각 옷자락에

제	천	화		공	예	서	방		추
諸	天	華		共	詣	西	方		推
모든 제	하늘 천	꽃 화		함께 공	이를 예	서녘 서	방위 방		추측할 추

심	시	상		견	대	통	지	승	여
尋	是	相		見	大	通	智	勝	如
찾을 심	이 시	모양 상		볼 견	큰 대	통할 통	슬기 지	수승할 승	같을 여

래		처	우	도	량		보	리	수
來		處	于	道	場		菩	提	樹
올 래		곳 처	어조사 우	길 도	마당 장(량)		보리 보	끌 제(리)	나무 수

하		좌	사	자	좌		제	천	용
下		坐	師	子	座		諸	天	龍
아래 하		앉을 좌	스승 사	아들 자	자리 좌		모든 제	하늘 천	용 용

왕		건	달	바		긴	나	라	
王		乾	闥	婆		緊	那	羅	
임금 왕		하늘 건	대궐문 달	할미 파(바)		긴할 긴	어찌 나	새그물 라	

> 온갖 하늘꽃들을 가득 담아 가지고,
> 다 같이 서쪽으로 날아가 그 상서를 찾아보았느니라.
> 그러다가 대통지승여래께서 도량의 보리수나무 아래
> 사자좌에 앉으셨는데, 여러 하늘천신과 용왕 및 건달바·긴나라·

마	후	라	가		인	비	인	등	
摩	睺	羅	伽		人	非	人	等	
갈 마	애꾸눈 후	새그물 라	절 가		사람 인	아닐 비	사람 인	무리 등	

공	경	위	요		급	견	십	육	왕
恭	敬	圍	繞		及	見	十	六	王
공손할 공	공경할 경	두를 위	두를 요		및 급	볼 견	열 십	여섯 육	임금 왕

자		청	불	전	법	륜		즉	시
子		請	佛	轉	法	輪		卽	時
아들 자		청할 청	부처 불	구를 전	법 법	바퀴 륜		곧 즉	때 시

제	범	천	왕		두	면	예	불	
諸	梵	天	王		頭	面	禮	佛	
모든 제	하늘 범	하늘 천	임금 왕		머리 두	낯 면	예도 예	부처 불	

요	백	천	잡		즉	이	천	화	
繞	百	千	匝		卽	以	天	華	
두를 요	일백 백	일천 천	돌 잡		곧 즉	써 이	하늘 천	꽃 화	

마후라가 같이 사람인 듯하면서 아닌 이들에게 공손히
둘러싸여 계신 것을 보았느니라. 그리고 열여섯 명의 왕자들이 부처님께
법륜을 굴려달라면서 가르침을 간청하는 것도 보았느니라. 이에 즉시 동방의 모든
범천왕들은 머리 숙여 부처님께 예배하고, 그 주위를 백천 번 돌면서 하늘꽃으로써

이	산	불	상		기	소	산	화	
而	散	佛	上		其	所	散	華	
말이을이	흩을산	부처불	위상		그기	바소	흩을산	꽃화	

여	수	미	산		병	이	공	양	
如	須	彌	山		幷	以	供	養	
같을여	모름지기수	두루찰미	뫼산		아우를병	써이	이바지할공	기를양	

불	보	리	수		기	보	리	수	
佛	菩	提	樹		其	菩	提	樹	
부처불	보리보	끝제(리)	나무수		그기	보리보	끝제(리)	나무수	

고	십	유	순		화	공	양	이	
高	十	由	旬		華	供	養	已	
높을고	열십	유순유	유순순		꽃화	이바지할공	기를양	마칠이	

각	이	궁	전		봉	상	피	불	
各	以	宮	殿		奉	上	彼	佛	
각각각	써이	집궁	궁전전		받들봉	올릴상	저피	부처불	

부처님 머리 위에 뿌리니 그 뿌린 꽃들이 수미산처럼 높이 쌓였느니라.
아울러 부처님께서 앉으신 보리수나무에도 공양하였는데,
그 보리수나무에 뿌려진 꽃무더기의 높이가 십 유순이나 되었느니라.
이렇게 꽃공양을 다 마친 다음 각각 궁전을 가지고 대통지승 부처님께 받들어 올리며,

이	작	시	언		유	견	애	민
而	作	是	言		唯	見	哀	愍
말이을이	지을작	이시	말씀언		오직유	볼견	슬플애	가엾을민

요	익	아	등		소	헌	궁	전
饒	益	我	等		所	獻	宮	殿
넉넉할요	더할익	나아	무리등		바소	바칠헌	집궁	궁전전

원	수	납	수		시	제	범	천	왕
願	垂	納	受		時	諸	梵	天	王
원할원	드리울수	들일납	받을수		때시	모든제	하늘범	하늘천	임금왕

즉	어	불	전		일	심	동	성
卽	於	佛	前		一	心	同	聲
곧즉	어조사어	부처불	앞전		한일	마음심	한가지동	소리성

이	게	송	왈		세	존	심	희	유
以	偈	頌	曰		世	尊	甚	希	有
써이	게송게	기릴송	가로왈		세상세	높을존	심할심	드물희	있을유

'오직 연민히 여기시어 저희들이 이익되도록, 저희가 드리는 궁전을
제발 받아 주시옵소서!' 라고 말하였느니라. 당시 모든 범천왕들은
곧 대통지승 부처님 앞에서 일심으로 소리를 맞추어 게송으로 사뢰었느니라.
　　'세존께선 참으로 희유하사

난	가	득	치	우		구	무	량	공
難	可	得	值	遇		具	無	量	功
어려울 난	가히 가	얻을 득	만날 치	만날 우		갖출 구	없을 무	헤아릴 량	공 공

덕		능	구	호	일	체		천	인
德		能	救	護	一	切		天	人
덕 덕		능할 능	건질 구	보호할 호	한 일	모두 체		하늘 천	사람 인

지	대	사		애	민	어	세	간	
之	大	師		哀	愍	於	世	間	
어조사 지	큰 대	스승 사		슬플 애	가엾을 민	어조사 어	세상 세	사이 간	

시	방	제	중	생		보	개	몽	요
十	方	諸	衆	生		普	皆	蒙	饒
열 십(시)	방위 방	모든 제	무리 중	날 생		널리 보	다 개	입을 몽	넉넉할 요

익		아	등	소	종	래		오	백
益		我	等	所	從	來		五	百
더할 익		나 아	무리 등	바 소	좇을 종	올 래		다섯 오	일백 백

가히 만나뵙기 어렵나니 한량없는 공덕을 갖추시고
능히 일체 중생들을 구호하시어, 하늘천신과 인간의
큰 스승으로 세간을 연민히 여기시매 시방의 모든
중생들이 널리 다 이익됨을 얻나이다. 저희들이

만	억	국		사	심	선	정	락	
萬	億	國		捨	深	禪	定	樂	
일만만	억억	나라국		버릴사	깊을심	고요할선	선정정	즐길락	

위	공	양	불	고		아	등	선	세
爲	供	養	佛	故		我	等	先	世
위할위	이바지할공	기를양	부처불	연고고		나아	무리등	먼저선	세상세

복		궁	전	심	엄	식		금	이
福		宮	殿	甚	嚴	飾		今	以
복복		집궁	궁전전	심할심	엄할엄	꾸밀식		이제금	써이

봉	세	존		유	원	애	납	수	
奉	世	尊		唯	願	哀	納	受	
받들봉	세상세	높을존		오직유	원할원	슬플애	들일납	받을수	

이	시		제	범	천	왕		게	찬
爾	時		諸	梵	天	王		偈	讚
그이	때시		모든제	하늘범	하늘천	임금왕		게송게	칭찬할찬

오백만억 세계에서 깊은 선정의 즐거움마저 버리고 여기에 온 뜻은 오로지 부처님께 공양하기 위한 것이오니, 저희들의 지난 세상 복력으로 그나마 장엄하게 꾸며진 궁전을 이제 세존께 받들어 올리건대 제발 어여삐 여기시고 받아 주시옵소서!'
그때 동방의 모든 범천왕들은 게송으로

불	이		각	작	시	언		유	원
佛	已		各	作	是	言		唯	願
부처 불	마칠 이		각각 각	지을 작	이 시	말씀 언		오직 유	원할 원

세	존		전	어	법	륜		도	탈
世	尊		轉	於	法	輪		度	脫
세상 세	높을 존		구를 전	어조사 어	법 법	바퀴 륜		건널 도	벗을 탈

중	생		개	열	반	도		시	
衆	生		開	涅	槃	道		時	
무리 중	날 생		열 개	개흙 열	쟁반 반	길 도		때 시	

제	범	천	왕		일	심	동	성
諸	梵	天	王		一	心	同	聲
모든 제	하늘 범	하늘 천	임금 왕		한 일	마음 심	한가지 동	소리 성

이	설	게	언		세	웅	양	족	존
而	說	偈	言		世	雄	兩	足	尊
말이을 이	말씀 설	게송 게	말씀 언		세상 세	뛰어날 웅	두 양	족할 족	높을 존

부처님을 찬탄하고 나서 각각 이렇게 말하였느니라. '오직 원하옵건대, 세존이시여!
법륜을 굴리시어 중생을 제도하여 해탈되게 하시고, 열반의 길을 열어 주시옵소서!'
당시 동방의 모든 범천왕들은 일심으로 소리를 맞추어 게송으로 말씀드렸느니라.
　　'세상의 으뜸이신 양족존이시여!

유	원	연	설	법		이	대	자	비
唯	願	演	說	法		以	大	慈	悲
오직유	원할원	펼연	말씀설	법법		써이	큰대	사랑자	슬플비

력		도	고	뇌	중	생		이	시
力		度	苦	惱	衆	生		爾	時
힘력		건널도	괴로울고	괴로워할뇌	무리중	날생		그이	때시

대	통	지	승	여	래		묵	연	허
大	通	智	勝	如	來		黙	然	許
큰대	통할통	슬기지	수승할승	같을여	올래		묵묵할묵	그러할연	허락할허

지		우	제	비	구		동	남	방
之		又	諸	比	丘		東	南	方
어조사지		또우	모든제	견줄비	언덕구		동녘동	남녘남	방위방

오	백	만	억	국	토		제	대	범
五	百	萬	億	國	土		諸	大	梵
다섯오	일백백	일만만	억억	나라국	흙토		모든제	큰대	하늘범

오직 원하옵건대 법을 연설하시어 크게 자비하신 힘으로써
고통 받는 중생들을 제도하여 주시옵소서!'
그때 대통지승여래께서는 말없이 이를 허락하셨느니라.
또 모든 비구들아! 동남방의 오백만억 세계에 있는 모든 대범천왕들도

왕		각	자	견	궁	전		광	명
王		各	自	見	宮	殿		光	明
임금 왕		각각 각	스스로 자	볼 견	집 궁	궁전 전		빛 광	밝을 명
조	요		석	소	미	유		환	희
照	曜		昔	所	未	有		歡	喜
비출 조	빛날 요		옛 석	바 소	아닐 미	있을 유		기쁠 환	기쁠 희
용	약		생	희	유	심		즉	각
踊	躍		生	希	有	心		即	各
뛸 용	뛸 약		날 생	드물 희	있을 유	마음 심		곧 즉	각각 각
상	예		공	의	차	사		시	피
相	詣		共	議	此	事		時	彼
서로 상	이를 예		함께 공	의논할 의	이 차	일 사		때 시	저 피
중	중		유	일	대	범	천	왕	
衆	中		有	一	大	梵	天	王	
무리 중	가운데 중		있을 유	한 일	큰 대	하늘 범	하늘 천	임금 왕	

각각 자기 궁전의 광명이 예전에 없이 찬란하게 빛나는 것을 보고는,
환희에 젖어 뛸 듯이 기뻐하며 아주 희유하게 여기고
각기 서로 찾아가서 함께 그 일에 대해 의논하였느니라.
당시 그 대중 가운데

명	왈	대	비		위	제	범	중
名	曰	大	悲		爲	諸	梵	衆
이름 명	가로 왈	큰 대	슬플 비		위할 위	모든 제	하늘 범	무리 중

이	설	게	언		시	사	하	인	연
而	說	偈	言		是	事	何	因	緣
말이을 이	말씀 설	게송 게	말씀 언		이 시	일 사	어찌 하	인할 인	인연 연

이	현	여	차	상		아	등	제	궁
而	現	如	此	相		我	等	諸	宮
말이을 이	나타날 현	같을 여	이 차	모양 상		나 아	무리 등	모든 제	집 궁

전		광	명	석	미	유		위	대
殿		光	明	昔	未	有		爲	大
궁전 전		빛 광	밝을 명	옛 석	아닐 미	있을 유		할 위	큰 대

덕	천	생		위	불	출	세	간
德	天	生		爲	佛	出	世	間
덕 덕	하늘 천	날 생		할 위	부처 불	날 출	세상 세	사이 간

이름을 '대비'라고 하는 어느 대범천왕이 있었는데, 그가 여러 범천 대중들을 위하여 게송으로 말하였느니라.
　　'이것은 무슨 인연으로 이러한 상서가 나타나는 것일까?
　　우리들 모든 궁전에 이토록 밝은 광명 비친 적 한 번도 없었거늘,
　　대덕이 하늘에 나시려는가? 부처님께서 세상에 출현하시려는가?

미	증	견	차	상		당	공	일	심
未	曾	見	此	相		當	共	一	心
아닐 미	일찍 증	볼 견	이 차	모양 상		마땅히 당	함께 공	한 일	마음 심

구		과	천	만	억	토		심	광
求		過	千	萬	億	土		尋	光
구할 구		지날 과	일천 천	일만 만	억 억	흙 토		찾을 심	빛 광

공	추	지		다	시	불	출	세
共	推	之		多	是	佛	出	世
함께 공	추측할 추	어조사 지		많을 다	이 시	부처 불	날 출	세상 세

도	탈	고	중	생		이	시		오
度	脫	苦	衆	生		爾	時		五
건널 도	벗을 탈	괴로울 고	무리 중	날 생		그 이	때 시		다섯 오

백	만	억		제	범	천	왕		여
百	萬	億		諸	梵	天	王		與
일백 백	일만 만	억 억		모든 제	하늘 범	하늘 천	임금 왕		더불어 여

일찍이 이런 현상을 본 적이 없었나니 마땅히 일심으로 함께 찾아보세.
천만억의 나라를 지나더라도 광명의 인연을 찾아 함께 알아보세.
아마도 부처님께서 세상에 나오시어 고통 받는 중생들을 제도하시려는 건 아닐까?'
그때 동남방의 오백만억 세계에 있는 범천왕들은

궁	전	구		각	이	의	극		성
宮	殿	俱		各	以	衣	裓		盛
집 궁	궁전 전	함께 구		각각 각	써 이	옷 의	옷자락 극		담을 성

제	천	화		공	예	서	북	방	
諸	天	華		共	詣	西	北	方	
모든 제	하늘 천	꽃 화		함께 공	이를 예	서녘 서	북녘 북	방위 방	

추	심	시	상		견	대	통	지	승
推	尋	是	相		見	大	通	智	勝
추측할 추	찾을 심	이 시	모양 상		볼 견	큰 대	통할 통	슬기 지	수승할 승

여	래		처	우	도	량		보	리
如	來		處	于	道	場		菩	提
같을 여	올 래		곳 처	어조사 우	길 도	마당 장(량)		보리 보	끌 제(리)

수	하		좌	사	자	좌		제	천
樹	下		坐	師	子	座		諸	天
나무 수	아래 하		앉을 좌	스승 사	아들 자	자리 좌		모든 제	하늘 천

궁전과 함께 각각 옷자락에 온갖 하늘꽃들을 가득 담아 가지고,
다 같이 서북쪽으로 날아가 그 상서를 찾아보았느니라.
그러다가 대통지승여래께서 도량의 보리수나무 아래
사자좌에 앉으셨는데, 여러 하늘천신과

용	왕		건	달	바		긴	나	라
龍	王		乾	闥	婆		緊	那	羅
용 용	임금 왕		하늘 건	대궐문 달	할미 파(바)		긴할 긴	어찌 나	새그물 라

마	후	라	가		인	비	인	등	
摩	睺	羅	伽		人	非	人	等	
갈 마	애꾸눈 후	새그물 라	절 가		사람 인	아닐 비	사람 인	무리 등	

공	경	위	요		급	견	십	육	왕
恭	敬	圍	繞		及	見	十	六	王
공손할 공	공경할 경	두를 위	두를 요		및 급	볼 견	열 십	여섯 육	임금 왕

자		청	불	전	법	륜		시	
子		請	佛	轉	法	輪		時	
아들 자		청할 청	부처 불	구를 전	법 법	바퀴 륜		때 시	

제	범	천	왕		두	면	예	불	
諸	梵	天	王		頭	面	禮	佛	
모든 제	하늘 범	하늘 천	임금 왕		머리 두	낯 면	예도 예	부처 불	

용왕 및 건달바·긴나라·마후라가 같이 사람인 듯하면서 아닌 이들에게 공손히 둘러싸여 계신 것을 보았느니라. 그리고 열여섯 명의 왕자들이 부처님께 법륜을 굴려달라면서 가르침을 간청하는 것도 보았느니라. 이에 즉시 동남방의 모든 범천왕들은 머리 숙여 부처님께 예배하고,

요	백	천	잡		즉	이	천	화
繞	百	千	匝		卽	以	天	華
두를 요	일백 백	일천 천	돌 잡		곧 즉	써 이	하늘 천	꽃 화

이	산	불	상		소	산	지	화
而	散	佛	上		所	散	之	華
말이을 이	흩을 산	부처 불	위 상		바 소	흩을 산	어조사 지	꽃 화

여	수	미	산		병	이	공	양
如	須	彌	山		幷	以	供	養
같을 여	모름지기 수	두루찰 미	뫼 산		아우를 병	써 이	이바지할 공	기를 양

불	보	리	수		화	공	양	이
佛	菩	提	樹		華	供	養	已
부처 불	보리 보	끌 제(리)	나무 수		꽃 화	이바지할 공	기를 양	마칠 이

각	이	궁	전		봉	상	피	불
各	以	宮	殿		奉	上	彼	佛
각각 각	써 이	집 궁	궁전 전		받들 봉	올릴 상	저 피	부처 불

그 주위를 백천 번 돌면서 하늘꽃으로써 부처님 머리 위에 뿌렸느니라.
그러자 부처님께 뿌린 꽃들이 수미산처럼 높이 쌓였으며,
아울러 부처님께서 앉으신 보리수나무에도 공양하였느니라. 이렇게
꽃공양을 다 마친 다음에 각각 궁전을 가지고 대통지승 부처님께 받들어 올리며,

이	작	시	언		유	견	애	민
而	作	是	言		唯	見	哀	愍
말이을이	지을 작	이 시	말씀 언		오직 유	볼 견	슬플 애	가엾을 민

요	익	아	등		소	헌	궁	전
饒	益	我	等		所	獻	宮	殿
넉넉할 요	더할 익	나 아	무리 등		바 소	바칠 헌	집 궁	궁전 전

원	수	납	수		이	시		제	범
願	垂	納	受		爾	時		諸	梵
원할 원	드리울 수	들일 납	받을 수		그 이	때 시		모든 제	하늘 범

천	왕		즉	어	불	전		일	심
天	王		卽	於	佛	前		一	心
하늘 천	임금 왕		곧 즉	어조사 어	부처 불	앞 전		한 일	마음 심

동	성		이	게	송	왈		성	주
同	聲		以	偈	頌	曰		聖	主
한가지 동	소리 성		써 이	게송 게	기릴 송	가로 왈		성인 성	주인 주

'오직 연민히 여기시어 저희들이 이익되도록,
저희가 드리는 궁전을 제발 받아 주시옵소서!' 라고 말하였느니라.
당시 모든 범천왕들은 곧 대통지승 부처님 앞에서
일심으로 소리를 맞추어 게송으로 사뢰었느니라.

천	중	왕		가	릉	빈	가	성	
天	中	王		迦	陵	頻	伽	聲	
하늘 천	가운데 중	임금 왕		막을 가	큰언덕 릉	자주 빈	절 가	소리 성	

애	민	중	생	자		아	등	금	경
哀	愍	衆	生	者		我	等	今	敬
슬플 애	가엾을 민	무리 중	날 생	놈 자		나 아	무리 등	이제 금	공경할 경

례		세	존	심	희	유		구	원
禮		世	尊	甚	希	有		久	遠
예도 례		세상 세	높을 존	심할 심	드물 희	있을 유		오랠 구	멀 원

내	일	현		일	백	팔	십	겁
乃	一	現		一	百	八	十	劫
이에 내	한 일	나타날 현		한 일	일백 백	여덟 팔	열 십	겁 겁

공	과	무	유	불		삼	악	도	충
空	過	無	有	佛		三	惡	道	充
빌 공	지날 과	없을 무	있을 유	부처 불		석 삼	악할 악	길 도	찰 충

'하늘 가운데 왕이신 성주이시여! 가릉빈가 맑은 음성으로
중생들을 가엾이 여기시는 분께 저희들 이제 공손히 절하옵나이다.
세존께서는 참으로 희유하사 오랜 세월 흐른 뒤에야 한 번 나타나시니
그 동안 백팔십 겁의 긴 세월만 부질없이 흘러 부처님 계시지 아니하매,

제7 화성유품

만		제	천	중	감	소		금	불
滿		諸	天	衆	減	少		今	佛
찰 만		모든 제	하늘 천	무리 중	덜 감	적을 소		이제 금	부처 불

출	어	세		위	중	생	작	안
出	於	世		爲	衆	生	作	眼
날 출	어조사 어	세상 세		위할 위	무리 중	날 생	지을 작	눈 안

세	간	소	귀	취		구	호	어	일
世	間	所	歸	趣		救	護	於	一
세상 세	사이 간	바 소	돌아갈 귀	향할 취		건질 구	보호할 호	어조사 어	한 일

체		위	중	생	지	부		애	민
切		爲	衆	生	之	父		哀	愍
모두 체		할 위	무리 중	날 생	어조사 지	아비 부		슬플 애	가엾을 민

요	익	자		아	등	숙	복	경
饒	益	者		我	等	宿	福	慶
넉넉할 요	더할 익	놈 자		나 아	무리 등	묵을 숙	복 복	경사 경

> 삼악도는 붐비고 하늘천신 무리는 줄었으나 이제 부처님께서 세상에 출현하시어
> 중생들 위해 안목이 되어주시니 참으로 세간 중생들이 귀의할 곳입니다.
> 일체 중생들을 구호하시며 중생들의 아버지가 되시어 가엾이 여기시고
> 이익되게 하시는 분이시여! 저희들은 지난 세상의 복력으로 경사스럽게도

금	득	치	세	존		이	시		제
今	得	值	世	尊		爾	時		諸
이제 금	얻을 득	만날 치	세상 세	높을 존		그 이	때 시		모든 제

범	천	왕		게	찬	불	이		각
梵	天	王		偈	讚	佛	已		各
하늘 범	하늘 천	임금 왕		게송 게	칭찬할 찬	부처 불	마칠 이		각각 각

작	시	언		유	원	세	존		애
作	是	言		唯	願	世	尊		哀
지을 작	이 시	말씀 언		오직 유	원할 원	세상 세	높을 존		슬플 애

민	일	체		전	어	법	륜		도
愍	一	切		轉	於	法	輪		度
가엾을 민	한 일	모두 체		구를 전	어조사 어	법 법	바퀴 륜		건널 도

탈	중	생		시		제	범	천	왕
脫	衆	生		時		諸	梵	天	王
벗을 탈	무리 중	날 생		때 시		모든 제	하늘 범	하늘 천	임금 왕

> 이제 다행히 세존을 만나뵙게 되었나이다.'
> 그때 모든 범천왕들은 게송으로 부처님을 찬탄하고 나서 저마다 이렇게 말하였느니라.
> '오직 원하옵건대, 세존이시여! 일체 중생들을 가엾이 여기시고 법륜을 굴리시어,
> 중생들을 제도하여 해탈되게 하옵소서!' 당시 동남방의 모든 범천왕들은

일	심	동	성		이	설	게	언
一	心	同	聲		而	說	偈	言
한 일	마음 심	한가지 동	소리 성		말 이을 이	말씀 설	게송 게	말씀 언

대	성	전	법	륜	현	시	제	법
大	聖	轉	法	輪	顯	示	諸	法
큰 대	성인 성	구를 전	법 법	바퀴 륜	나타날 현	보일 시	모든 제	법 법

상		도	고	뇌	중	생	영	득
相		度	苦	惱	衆	生	令	得
모양 상		건널 도	괴로울 고	괴로워할 뇌	무리 중	날 생	하여금 영	얻을 득

대	환	희		중	생	문	차	법
大	歡	喜		衆	生	聞	此	法
큰 대	기쁠 환	기쁠 희		무리 중	날 생	들을 문	이 차	법 법

득	도	약	생	천	제	악	도	감
得	道	若	生	天	諸	惡	道	減
얻을 득	길 도	만약 약	날 생	하늘 천	모든 제	악할 악	길 도	덜 감

일심으로 소리를 맞추어 게송으로 말씀드리되,
　'큰 성인께서는 법문을 설하사 모든 법의 특성을 나타내 보이시고
　고통 받는 중생들을 제도하여 큰 기쁨과 즐거움 얻게 하옵소서!
　중생들이 불법을 듣게 된다면 도를 얻거나 하늘에 태어나서

소		인	선	자	증	익		이	시
少		忍	善	者	增	益		爾	時
적을 소		참을 인	착할 선	놈 자	더할 증	더할 익		그 이	때 시

대	통	지	승	여	래		묵	연	허
大	通	智	勝	如	來		黙	然	許
큰 대	통할 통	슬기 지	수승할 승	같을 여	올 래		묵묵할 묵	그러할 연	허락할 허

지		우	제	비	구		남	방	
之		又	諸	比	丘		南	方	
어조사 지		또 우	모든 제	견줄 비	언덕 구		남녘 남	방위 방	

오	백	만	억	국	토		제	대	범
五	百	萬	億	國	土		諸	大	梵
다섯 오	일백 백	일만 만	억 억	나라 국	흙 토		모든 제	큰 대	하늘 범

왕		각	자	견	궁	전		광	명
王		各	自	見	宮	殿		光	明
임금 왕		각각 각	스스로 자	볼 견	집 궁	궁전 전		빛 광	밝을 명

모든 악도는 줄어들 것이고 인욕하는 착한 이들은 늘어나리다.'
그때 대통지승여래께서는 말없이 이를 허락하셨느니라.
또 모든 비구들아! 남방의 오백만억 세계에 있는
모든 대범천왕들도 각각 자기 궁전의 광명이

제7 화성유품

조	요		석	소	미	유		환	희
照	曜		昔	所	未	有		歡	喜
비출조	빛날요		옛석	바소	아닐미	있을유		기쁠환	기쁠희

용	약		생	희	유	심		즉	각
踊	躍		生	希	有	心		卽	各
뛸용	뛸약		날생	드물희	있을유	마음심		곧즉	각각각

상	예		공	의	차	사		이	하
相	詣		共	議	此	事		以	何
서로상	이를예		함께공	의논할의	이차	일사		써이	어찌하

인	연		아	등	궁	전		유	차
因	緣		我	等	宮	殿		有	此
인할인	인연연		나아	무리등	집궁	궁전전		있을유	이차

광	요		시	피	중	중		유	일
光	曜		時	彼	衆	中		有	一
빛광	빛날요		때시	저피	무리중	가운데중		있을유	한일

예전에 없이 찬란하게 빛나는 것을 보고는, 환희에 젖어 뛸 듯이 기뻐하며
아주 희유하게 여기고 각기 서로 찾아가서 함께 그 일에 대해 의논하였느니라.
'무슨 인연으로써 우리들 궁전에 이토록 밝은 광명이 비치는 것일까?'
당시 그 대중 가운데

대	범	천	왕		명	왈	묘	법
大	梵	天	王		名	曰	妙	法
큰 대	하늘 범	하늘 천	임금 왕		이름 명	가로 왈	묘할 묘	법 법

위	제	범	중		이	설	게	언
爲	諸	梵	衆		而	說	偈	言
위할 위	모든 제	하늘 범	무리 중		말이을 이	말씀 설	게송 게	말씀 언

아	등	제	궁	전	광	명	심	위
我	等	諸	宮	殿	光	明	甚	威
나 아	무리 등	모든 제	집 궁	궁전 전	빛 광	밝을 명	심할 심	위엄 위

요		차	비	무	인	연	시	상
曜		此	非	無	因	緣	是	相
빛날 요		이 차	아닐 비	없을 무	인할 인	인연 연	이 시	모양 상

의	구	지		과	어	백	천	겁
宜	求	之		過	於	百	千	劫
마땅할 의	구할 구	어조사 지		지날 과	어조사 어	일백 백	일천 천	겁 겁

이름을 '묘법'이라고 하는 어느 대범천왕이 있었는데,
그가 여러 범천 대중들을 위하여 게송으로 말하였느니라.
 '우리들의 모든 궁전을 비추는 차마 위엄스럽도록 찬란한 광명은 아무런 까닭 없이
    비치는 법이 없나니 따라서 마땅히 이 상서를 찾아보세. 백천 겁의 긴 세월 동안에

미	증	견	시	상		위	대	덕	천
未	曾	見	是	相		爲	大	德	天
아닐 미	일찍 증	볼 견	이 시	모양 상		할 위	큰 대	덕 덕	하늘 천

생		위	불	출	세	간		이	시
生		爲	佛	出	世	間		爾	時
날 생		할 위	부처 불	날 출	세상 세	사이 간		그 이	때 시

오	백	만	억		제	범	천	왕
五	百	萬	億		諸	梵	天	王
다섯 오	일백 백	일만 만	억 억		모든 제	하늘 범	하늘 천	임금 왕

여	궁	전	구		각	이	의	극
與	宮	殿	俱		各	以	衣	裓
더불어 여	집 궁	궁전 전	함께 구		각각 각	써 이	옷 의	옷자락 극

성	제	천	화		공	예	북	방
盛	諸	天	華		共	詣	北	方
담을 성	모든 제	하늘 천	꽃 화		함께 공	이를 예	북녘 북	방위 방

일찍이 이런 상서 한 번도 본 적 없나니, 대덕이 하늘에 나시려는가?
아니면 부처님께서 세상에 출현하시려는가?'
그때 남방의 오백만억 세계에 있는 범천왕들은 궁전과 함께 각각 옷자락에
온갖 하늘꽃들을 가득 담아 가지고, 다 같이 북쪽으로 날아가

추	심	시	상		견	대	통	지	승
推	尋	是	相		見	大	通	智	勝
추측할 추	찾을 심	이 시	모양 상		볼 견	큰 대	통할 통	슬기 지	수승할 승

여	래		처	우	도	량		보	리
如	來		處	于	道	場		菩	提
같을 여	올 래		곳 처	어조사 우	길 도	마당 장(량)		보리 보	끌 제(리)

수	하		좌	사	자	좌		제	천
樹	下		坐	師	子	座		諸	天
나무 수	아래 하		앉을 좌	스승 사	아들 자	자리 좌		모든 제	하늘 천

용	왕		건	달	바		긴	나	라
龍	王		乾	闥	婆		緊	那	羅
용 용	임금 왕		하늘 건	대궐문 달	할미 파(바)		긴할 긴	어찌 나	새그물 라

마	후	라	가		인	비	인	등
摩	睺	羅	伽		人	非	人	等
갈 마	애꾸눈 후	새그물 라	절 가		사람 인	아닐 비	사람 인	무리 등

그 상서를 찾아보았느니라. 그러다가 대통지승여래께서
도량의 보리수나무 아래 사자좌에 앉으셨는데,
여러 하늘천신과 용왕 및 건달바·긴나라·
마후라가 같이 사람인 듯하면서 아닌 이들에게

공	경	위	요		급	견	십	육	왕
恭	敬	圍	繞		及	見	十	六	王
공손할 공	공경할 경	두를 위	두를 요		및 급	볼 견	열 십	여섯 육	임금 왕

자		청	불	전	법	륜		시	
子		請	佛	轉	法	輪		時	
아들 자		청할 청	부처 불	구를 전	법 법	바퀴 륜		때 시	

제	범	천	왕		두	면	예	불	
諸	梵	天	王		頭	面	禮	佛	
모든 제	하늘 범	하늘 천	임금 왕		머리 두	낯 면	예도 예	부처 불	

요	백	천	잡		즉	이	천	화	
繞	百	千	匝		卽	以	天	華	
두를 요	일백 백	일천 천	돌 잡		곧 즉	써 이	하늘 천	꽃 화	

이	산	불	상		소	산	지	화	
而	散	佛	上		所	散	之	華	
말이을 이	흩을 산	부처 불	위 상		바 소	흩을 산	어조사 지	꽃 화	

공손히 둘러싸여 계신 것을 보았느니라. 그리고 열여섯 명의 왕자들이
부처님께 법륜을 굴려달라면서 가르침을 간청하는 것도 보았느니라.
이에 즉시 남방의 모든 범천왕들은 머리 숙여 부처님께 예배하고, 그 주위를 백천 번 돌면서
하늘꽃으로써 부처님 머리 위에 뿌렸느니라. 그러자 부처님께 뿌린 꽃들이

여	수	미	산		병	이	공	양
如	須	彌	山		幷	以	供	養
같을 여	모름지기 수	두루찰 미	뫼 산		아우를 병	써 이	이바지할 공	기를 양

불	보	리	수		화	공	양	이
佛	菩	提	樹		華	供	養	已
부처 불	보리 보	끌 제(리)	나무 수		꽃 화	이바지할 공	기를 양	마칠 이

각	이	궁	전		봉	상	피	불
各	以	宮	殿		奉	上	彼	佛
각각 각	써 이	집 궁	궁전 전		받들 봉	올릴 상	저 피	부처 불

이	작	시	언		유	견	애	민
而	作	是	言		唯	見	哀	愍
말이을 이	지을 작	이 시	말씀 언		오직 유	볼 견	슬플 애	가엾을 민

요	익	아	등		소	헌	궁	전
饒	益	我	等		所	獻	宮	殿
넉넉할 요	더할 익	나 아	무리 등		바 소	바칠 헌	집 궁	궁전 전

수미산처럼 높이 쌓였으며,
아울러 부처님께서 앉으신 보리수나무에도 공양하였느니라.
이렇게 꽃공양을 다 마친 다음에 각각 궁전을 가지고 대통지승 부처님께 받들어 올리며,
'오직 연민히 여기시어 저희들이 이익되도록, 저희가 드리는 궁전을

원	수	납	수		이	시		제	범
願	垂	納	受		爾	時		諸	梵
원할 원	드리울 수	들입 납	받을 수		그 이	때 시		모든 제	하늘 범

천	왕		즉	어	불	전		일	심
天	王		卽	於	佛	前		一	心
하늘 천	임금 왕		곧 즉	어조사 어	부처 불	앞 전		한 일	마음 심

동	성		이	게	송	왈		세	존
同	聲		以	偈	頌	曰		世	尊
한가지 동	소리 성		써 이	게송 게	기릴 송	가로 왈		세상 세	높을 존

심	난	견		파	제	번	뇌	자
甚	難	見		破	諸	煩	惱	者
심할 심	어려울 난	볼 견		깨뜨릴 파	모든 제	괴로워할 번	괴로워할 뇌	놈 자

과	백	삼	십	겁		금	내	득	일
過	百	三	十	劫		今	乃	得	一
지날 과	일백 백	석 삼	열 십	겁 겁		이제 금	이에 내	얻을 득	한 일

제발 받아 주시옵소서!' 라고 말하였느니라. 당시 모든 범천왕들은
곧 대통지승 부처님 앞에서 일심으로 소리를 맞추어 게송으로 사뢰었느니라.
  '진정 만나뵙기 어려운 세존, 모든 번뇌 깨뜨리신 분이시여!
  백삼십 겁이나 지난 다음 이제서야 한 번 친견하니

견		제	기	갈	중	생		이	법
見		諸	飢	渴	衆	生		以	法
볼견		모든제	주릴기	목마를갈	무리중	날생		써이	법법

우	충	만		석	소	미	증	견
雨	充	滿		昔	所	未	曾	見
비우	찰충	찰만		옛석	바소	아닐미	일찍증	볼견

무	량	지	혜	자		여	우	담	발
無	量	智	慧	者		如	優	曇	鉢
없을무	헤아릴량	슬기지	지혜혜	놈자		같을여	넉넉할우	흐릴담	바리때발

화		금	일	내	치	우		아	등
華		今	日	乃	値	遇		我	等
꽃화		이제금	날일	이에내	만날치	만날우		나아	무리등

제	궁	전		몽	광	고	엄	식
諸	宮	殿		蒙	光	故	嚴	飾
모든제	집궁	궁전전		입을몽	빛광	연고고	엄할엄	꾸밀식

목마르고 주린 모든 중생들이 법비로써 충만해지나이다.
일찍이 예전에 보지 못했던 한량없이 지혜로우신 분이시여!
마치 우담발화 꽃을 오늘에야 만난 듯하나이다.
저희들의 모든 궁전들이 광명을 받아 찬란하게 꾸며졌으니

세	존	대	자	비		유	원	수	납
世	尊	大	慈	悲		唯	願	垂	納
세상 세	높을 존	큰 대	사랑 자	슬플 비		오직 유	원할 원	드리울 수	들일 납

수		이	시		제	범	천	왕
受		爾	時		諸	梵	天	王
받을 수		그 이	때 시		모든 제	하늘 범	하늘 천	임금 왕

게	찬	불	이		각	작	시	언
偈	讚	佛	已		各	作	是	言
게송 게	칭찬할 찬	부처 불	마칠 이		각각 각	지을 작	이 시	말씀 언

유	원	세	존		전	어	법	륜
唯	願	世	尊		轉	於	法	輪
오직 유	원할 원	세상 세	높을 존		구를 전	어조사 어	법 법	바퀴 륜

영	일	체	세	간		제	천	마	범
令	一	切	世	間		諸	天	魔	梵
하여금 영	한 일	모두 체	세상 세	사이 간		모든 제	하늘 천	마귀 마	하늘 범

세존이시여, 대자비로 오직 원컨대 받아 주시옵소서!'
그때 모든 범천왕들은 게송으로 부처님을 찬탄하고 나서 각각 이렇게 말하였느니라.
'오직 원하옵건대, 세존이시여!
법륜을 굴리시어 모든 세상의 여러 하늘천신과 마구니와 범천

사	문	바	라	문		개	획	안	은
沙	門	婆	羅	門		皆	獲	安	隱
모래 사	문 문	할미 파(바)	새그물 라	문 문		다 개	얻을 획	편안할 안	편안할 은

이	득	도	탈		시	제	범	천	왕
而	得	度	脫		時	諸	梵	天	王
말 이을 이	얻을 득	건널 도	벗을 탈		때 시	모든 제	하늘 범	하늘 천	임금 왕

일	심	동	성		이	게	송	왈	
一	心	同	聲		以	偈	頌	曰	
한 일	마음 심	한가지 동	소리 성		써 이	게송 게	기릴 송	가로 왈	

유	원	천	인	존		전	무	상	법
唯	願	天	人	尊		轉	無	上	法
오직 유	원할 원	하늘 천	사람 인	높을 존		구를 전	없을 무	위 상	법 법

륜		격	우	대	법	고		이	취
輪		擊	于	大	法	鼓		而	吹
바퀴 륜		칠 격	어조사 우	큰 대	법 법	북 고		말 이을 이	불 취

그리고 사문과 바라문들을 다 안락하게 하시고 제도하여 해탈되게 하옵소서!'
당시 남방의 모든 범천왕들은 일심으로 소리를 맞추어 게송으로 말씀드리기를,
　　'오직 원컨대 하늘과 사람 중 가장 높은 분이시여!
　　　위없이 높은 법의 바퀴 굴리시어 큰 가르침의 북을 치시고

대	법	라		보	우	대	법	우
大	法	螺		普	雨	大	法	雨
큰 대	법 법	소라 라		널리 보	비 우	큰 대	법 법	비 우

도	무	량	중	생		아	등	함	귀
度	無	量	眾	生		我	等	咸	歸
건널 도	없을 무	헤아릴 량	무리 중	날 생		나 아	무리 등	다 함	돌아갈 귀

청		당	연	심	원	음		이	시
請		當	演	深	遠	音		爾	時
청할 청		마땅히 당	펼 연	깊을 심	멀 원	소리 음		그 이	때 시

대	통	지	승	여	래		묵	연	허
大	通	智	勝	如	來		黙	然	許
큰 대	통할 통	슬기 지	수승할 승	같을 여	올 래		묵묵할 묵	그러할 연	허락할 허

지		서	남	방		내	지	하	방
之		西	南	方		乃	至	下	方
어조사 지		서녘 서	남녘 남	방위 방		이에 내	이를 지	아래 하	방위 방

큰 가르침의 소라를 부시며, 큰 법비를 두루 내리시어
한량없는 중생들을 제도하여 주시옵소서! 저희들 모두 귀의하여
청하옵나니 마땅히 깊고 심오한 음성으로 법을 설해 주시옵소서!'
그때 대통지승여래께서는 말없이 이를 허락하셨느니라. 서남방과 하방도

역	부	여	시		이	시	상	방
亦	復	如	是		爾	時	上	方
또 역	다시 부	같을 여	이 시		그 이	때 시	위 상	방위 방

오	백	만	억	국	토		제	대	범
五	百	萬	億	國	土		諸	大	梵
다섯 오	일백 백	일만 만	억 억	나라 국	흙 토		모든 제	큰 대	하늘 범

왕		개	실	자	도		소	지	궁
王		皆	悉	自	覩		所	止	宮
임금 왕		다 개	다 실	스스로 자	볼 도		바 소	그칠 지	집 궁

전		광	명	위	요		석	소	미
殿		光	明	威	曜		昔	所	未
궁전 전		빛 광	밝을 명	위엄 위	빛날 요		옛 석	바 소	아닐 미

유		환	희	용	약		생	희	유
有		歡	喜	踊	躍		生	希	有
있을 유		기쁠 환	기쁠 희	뛸 용	뛸 약		날 생	드물 희	있을 유

또한 이와 같았느니라.
그때 상방의 오백만억 세계에 있는 대범천왕들도
모두 자기가 머물고 있는 궁전의 광명이 예전에 없이 찬란하게 빛나는 것을
직접 보고는, 환희에 젖어 뛸 듯이 기뻐하며 아주 희유하게 여기고

심		즉	각	상	예		공	의	차
心		卽	各	相	詣		共	議	此
마음 심		곧 즉	각각 각	서로 상	이를 예		함께 공	의논할 의	이 차

사	이	하	인	연		아	등	궁
事	以	何	因	緣		我	等	宮
일 사	써 이	어찌 하	인할 인	인연 연		나 아	무리 등	집 궁

전		유	사	광	명		시	피	중
殿		有	斯	光	明		時	彼	衆
궁전 전		있을 유	이 사	빛 광	밝을 명		때 시	저 피	무리 중

중		유	일	대	범	천	왕		명
中		有	一	大	梵	天	王		名
가운데 중		있을 유	한 일	큰 대	하늘 범	하늘 천	임금 왕		이름 명

왈	시	기		위	제	범	중		이
曰	尸	棄		爲	諸	梵	衆		而
가로 왈	주검 시	버릴 기		위할 위	모든 제	하늘 범	무리 중		말 이을 이

각기 서로 찾아가서 함께 그 일에 대해 의논하였느니라.
'무슨 인연으로써 우리들 궁전에 이토록 밝은 광명이 비치는 것일까?'
당시 그 대중 가운데 이름을 '시기'라고 하는 어느 대범천왕이 있었는데,
그가 여러 범천 대중들을 위하여 게송으로 말하였느니라.

설	게	언		금	이	하	인	연	
說	偈	言		今	以	何	因	緣	
말씀 설	게송 게	말씀 언		이제 금	써 이	어찌 하	인할 인	인연 연	

아	등	제	궁	전		위	덕	광	명
我	等	諸	宮	殿		威	德	光	明
나 아	무리 등	모든 제	집 궁	궁전 전		위엄 위	덕 덕	빛 광	밝을 명

요		엄	식	미	증	유		여	시
曜		嚴	飾	未	曾	有		如	是
빛날 요		엄할 엄	꾸밀 식	아닐 미	일찍 증	있을 유		같을 여	이 시

지	묘	상		석	소	미	문	견
之	妙	相		昔	所	未	聞	見
어조사 지	묘할 묘	모양 상		옛 석	바 소	아닐 미	들을 문	볼 견

위	대	덕	천	생		위	불	출	세
爲	大	德	天	生		爲	佛	出	世
할 위	큰 대	덕 덕	하늘 천	날 생		할 위	부처 불	날 출	세상 세

'지금 무슨 까닭으로써 우리들의 모든 궁전들에 일찍이 이토록
장엄하게 빛난 적 없는 위덕 찬란한 광명이 눈부시게 빛나는 것일까?
이와 같이 아름다운 상서로움은 예전에는 듣도 보도 못했거늘,
대덕이 하늘에 나시려는가? 아니면 부처님께서 세상에 출현하시려는가?'

간		이	시		오	백	만	억
間		爾	時		五	百	萬	億
사이 간		그 이	때 시		다섯 오	일백 백	일만 만	억 억

제	범	천	왕		여	궁	전	구
諸	梵	天	王		與	宮	殿	俱
모든 제	하늘 범	하늘 천	임금 왕		더불어 여	집 궁	궁전 전	함께 구

각	이	의	극		성	제	천	화
各	以	衣	裓		盛	諸	天	華
각각 각	써 이	옷 의	옷자락 극		담을 성	모든 제	하늘 천	꽃 화

공	예	하	방		추	심	시	상
共	詣	下	方		推	尋	是	相
함께 공	이를 예	아래 하	방위 방		추측할 추	찾을 심	이 시	모양 상

견	대	통	지	승	여	래		처	우
見	大	通	智	勝	如	來		處	于
볼 견	큰 대	통할 통	슬기 지	수승할 승	같을 여	올 래		곳 처	어조사 우

그때 상방의 오백만억 세계에 있는 범천왕들은
궁전과 함께 각각 옷자락에 온갖 하늘꽃들을 가득 담아 가지고,
다 같이 아래쪽으로 날아가 그 상서를 찾아보았느니라.
그러다가 대통지승여래께서

도	랑		보	리	수	하		좌	사
道	場		菩	提	樹	下		坐	師
길도	마당 장(랑)		보리 보	끌 제(리)	나무 수	아래 하		앉을 좌	스승 사

자	좌		제	천	용	왕		건	달
子	座		諸	天	龍	王		乾	闥
아들 자	자리 좌		모든 제	하늘 천	용 용	임금 왕		하늘 건	대궐문 달

바		긴	나	라		마	후	라	가
婆		緊	那	羅		摩	睺	羅	伽
할미 파(바)		긴할 긴	어찌 나	새그물 라		갈 마	애꾸눈 후	새그물 라	절 가

인	비	인	등		공	경	위	요
人	非	人	等		恭	敬	圍	繞
사람 인	아닐 비	사람 인	무리 등		공손할 공	공경할 경	두를 위	두를 요

급	견	십	육	왕	자		청	불	전
及	見	十	六	王	子		請	佛	轉
및 급	볼 견	열 십	여섯 육	임금 왕	아들 자		청할 청	부처 불	구를 전

도량의 보리수나무 아래 사자좌에 앉으셨는데, 여러 하늘천신과 용왕
및 건달바·긴나라·마후라가 같이 사람인 듯하면서 아닌 이들에게
공경히 둘러싸여 계신 것을 보았느니라. 그리고 열여섯 명의 왕자들이
부처님께 법륜을 굴려달라면서 가르침을 간청하는 것도 보았느니라.

법	륜	시		제	범	천	왕
法	輪	時		諸	梵	天	王
법법	바퀴 륜	때 시		모든 제	하늘 범	하늘 천	임금 왕

두	면	예	불	요	백	천	잡
頭	面	禮	佛	繞	百	千	匝
머리 두	낯 면	예도 예	부처 불	두를 요	일백 백	일천 천	돌 잡

즉	이	천	화	이	산	불	상
卽	以	天	華	而	散	佛	上
곧 즉	써 이	하늘 천	꽃 화	말이을 이	흩을 산	부처 불	위 상

소	산	지	화	여	수	미	산
所	散	之	花	如	須	彌	山
바 소	흩을 산	어조사 지	꽃 화	같을 여	모름지기 수	두루찰 미	뫼 산

병	이	공	양	불	보	리	수
幷	以	供	養	佛	菩	提	樹
아우를 병	써 이	이바지할 공	기를 양	부처 불	보리 보	끌 제(리)	나무 수

이에 즉시 상방의 모든 범천왕들은 머리 숙여 부처님께 예배하고,
그 주위를 백천 번 돌면서 하늘꽃으로써 부처님 머리 위에 뿌렸느니라.
그러자 부처님께 뿌린 꽃들이 수미산처럼 높이 쌓였으며,
아울러 부처님께서 앉으신 보리수나무에도 공양하였느니라.

화	공	양	이		각	이	궁	전
花	供	養	已		各	以	宮	殿
꽃 화	이바지할 공	기를 양	마칠 이		각각 각	써 이	집 궁	궁전 전

봉	상	피	불		이	작	시	언
奉	上	彼	佛		而	作	是	言
받들 봉	올릴 상	저 피	부처 불		말이을 이	지을 작	이 시	말씀 언

유	견	애	민		요	익	아	등
唯	見	哀	愍		饒	益	我	等
오직 유	볼 견	슬플 애	가엾을 민		넉넉할 요	더할 익	나 아	무리 등

소	헌	궁	전		원	수	납	수
所	獻	宮	殿		願	垂	納	受
바 소	바칠 헌	집 궁	궁전 전		원할 원	드리울 수	들입 납	받을 수

시	제	범	천	왕	즉	어	불	전
時	諸	梵	天	王	卽	於	佛	前
때 시	모든 제	하늘 범	하늘 천	임금 왕	곧 즉	어조사 어	부처 불	앞 전

이렇게 꽃공양을 다 마친 다음에 각각 궁전을 가지고 대통지승 부처님께
받들어 올리며, '오직 연민히 여기시어 저희들이 이익되도록,
저희가 드리는 궁전을 제발 받아 주시옵소서!' 라고 말하였느니라.
당시 모든 범천왕들은 곧 대통지승 부처님 앞에서

제7 화성유품

일	심	동	성		이	게	송	왈
一	心	同	聲		以	偈	頌	曰
한 일	마음 심	한가지 동	소리 성		써 이	게송 게	기릴 송	가로 왈

선	재	견	제	불	구	세	지	성
善	哉	見	諸	佛	救	世	之	聖
착할 선	어조사 재	볼 견	모든 제	부처 불	건질 구	세상 세	어조사 지	성인 성

존		능	어	삼	계	옥		면	출
尊		能	於	三	界	獄		勉	出
높을 존		능할 능	어조사 어	석 삼	지경 계	옥 옥		힘쓸 면	날 출

제	중	생		보	지	천	인	존
諸	衆	生		普	智	天	人	尊
모든 제	무리 중	날 생		널리 보	슬기 지	하늘 천	사람 인	높을 존

애	민	군	맹	류		능	개	감	로
哀	愍	群	萌	類		能	開	甘	露
슬플 애	가엾을 민	무리 군	싹 맹	무리 류		능할 능	열 개	달 감	이슬 로

일심으로 소리를 맞추어 게송으로 사뢰었느니라.
 '부처님 뵙다니, 아 얼마나 다행인가! 세상 고통을 구원하시는 대성존께서
  능히 삼계의 감옥에서 힘써 모든 중생들을 건져내시나니,
  넓고 큰 지혜의 천인존께서 뭇 중생들을 연민히 여기시어 능히 감로의 문을 여시고

문		광	도	어	일	체		어	석
門		廣	度	於	一	切		於	昔
문문		넓을광	건널도	어조사어	한일	모두체		어조사어	옛석
무	량	겁		공	과	무	유	불	
無	量	劫		空	過	無	有	佛	
없을무	헤아릴량	겁겁		빌공	지날과	없을무	있을유	부처불	
세	존	미	출	시		시	방	상	암
世	尊	未	出	時		十	方	常	暗
세상세	높을존	아닐미	날출	때시		열십(시)	방위방	항상상	어두울암
명		삼	악	도	증	장		아	수
冥		三	惡	道	增	長		阿	修
어두울명		석삼	악할악	길도	더할증	길장		언덕아	닦을수
라	역	성		제	천	중	전	감	
羅	亦	盛		諸	天	衆	轉	減	
새그물라	또역	성할성		모든제	하늘천	무리중	구를전	덜감	

널리 일체 중생들을 제도하여 주시나이다.
지난 옛날 한량없이 오랜 겁 동안에 부처님 없이 그냥 세월만 보냈나니
세존께서 세상에 나오시지 않자 시방세계는 항상 어두웠고,
삼악도는 늘어만 갔으며 아수라 역시 치성하여 하늘천신 무리들은 점점 줄어들고

사	다	타	악	도		부	종	불	문
死	多	墮	惡	道		不	從	佛	聞
죽을 사	많을 다	떨어질 타	악할 악	길 도		아닐 부	좇을 종	부처 불	들을 문

법		상	행	불	선	사		색	력
法		常	行	不	善	事		色	力
법 법		항상 상	행할 행	아닐 불	착할 선	일 사		빛 색	힘 력

급	지	혜		사	등	개	감	소	
及	智	慧		斯	等	皆	減	少	
및 급	슬기 지	지혜 혜		이 사	무리 등	다 개	덜 감	적을 소	

죄	업	인	연	고		실	락	급	락
罪	業	因	緣	故		失	樂	及	樂
허물 죄	업 업	인할 인	인연 연	연고 고		잃을 실	즐길 락	및 급	즐길 락

상		주	어	사	견	법		불	식
想		住	於	邪	見	法		不	識
생각 상		머물 주	어조사 어	간사할 사	볼 견	법 법		아닐 불	알 식

죽어서는 흔히들 악도에 떨어졌나이다.
부처님으로부터 법을 듣지 못하여 항상 나쁜 일만 저지르므로
육체의 힘과 지혜도 저절로 다 감소했거늘 죄업인연으로
기쁨과 즐거운 생각조차 모두 잃고, 삿된 법에 머물러서

선	의	칙		불	몽	불	소	화
善	儀	則		不	蒙	佛	所	化
착할선	거동의	법칙칙		아닐불	입을몽	부처불	바소	화할화

상	타	어	악	도		불	위	세	간
常	墮	於	惡	道		佛	爲	世	間
항상상	떨어질타	어조사어	악할악	길도		부처불	할위	세상세	사이간

안		구	원	시	내	출		애	민
眼		久	遠	時	乃	出		哀	愍
눈안		오랠구	멀원	때시	이에내	날출		슬플애	가엾을민

제	중	생		고	현	어	세	간
諸	衆	生		故	現	於	世	間
모든제	무리중	날생		연고고	나타날현	어조사어	세상세	사이간

초	출	성	정	각		아	등	심	흔
超	出	成	正	覺		我	等	甚	欣
넘을초	날출	이룰성	바를정	깨달을각		나아	무리등	심할심	기뻐할흔

올바른 예의와 법칙도 알지 못한 채 부처님의 교화를 입지 못하여
항상 악도에 떨어졌나이다. 부처님께서는 세간의 눈이 되사 세월이 오래 흐른 뒤에
출현하시거늘, 모든 중생들 가엾이 여기시어 일부러 세상에 나오시나이다.
세상 욕망 초월하여 정각을 이루시니 저희들 너무 기뻐 경사스러워 하며

경		급	여	일	체	중		희	탄
慶		及	餘	一	切	衆		喜	歎
경사 경		및 급	남을 여	한 일	모두 체	무리 중		기쁠 희	찬탄할 탄

미	증	유		아	등	제	궁	전
未	曾	有		我	等	諸	宮	殿
아닐 미	일찍 증	있을 유		나 아	무리 등	모든 제	집 궁	궁전 전

몽	광	고	엄	식		금	이	봉	세
蒙	光	故	嚴	飾		今	以	奉	世
입을 몽	빛 광	연고 고	엄할 엄	꾸밀 식		이제 금	써 이	받들 봉	세상 세

존		유	수	애	납	수		원	이
尊		唯	垂	哀	納	受		願	以
높을 존		오직 유	드리울 수	슬플 애	들일 납	받을 수		원할 원	써 이

차	공	덕		보	급	어	일	체
此	功	德		普	及	於	一	切
이 차	공 공	덕 덕		널리 보	미칠 급	어조사 어	한 일	모두 체

나머지 다른 일체 중생들까지도 일찍이 없던 일이라 기뻐하고 찬탄하나이다.
저희들의 모든 궁전들이 광명을 받아 장엄스럽기에
이제 세존께 드리오니 오직 연민히 여기시어 받아 주시옵소서!
원하옵건대 이 공덕 널리 일체 중생들에게 미치어

아	등	여	중	생		개	공	성	불
我	等	與	衆	生		皆	共	成	佛
나 아	무리 등	더불어 여	무리 중	날 생		다 개	함께 공	이룰 성	부처 불

도		이	시		오	백	만	억
道		爾	時		五	百	萬	億
길 도		그 이	때 시		다섯 오	일백 백	일만 만	억 억

제	범	천	왕		게	찬	불	이
諸	梵	天	王		偈	讚	佛	已
모든 제	하늘 범	하늘 천	임금 왕		게송 게	칭찬할 찬	부처 불	마칠 이

각	백	불	언		유	원	세	존
各	白	佛	言		唯	願	世	尊
각각 각	사뢸 백	부처 불	말씀 언		오직 유	원할 원	세상 세	높을 존

전	어	법	륜		다	소	안	은
轉	於	法	輪		多	所	安	隱
구를 전	어조사 어	법 법	바퀴 륜		많을 다	바 소	편안할 안	편안할 은

저희들과 모든 중생들이 다 함께 불도를 이루어지이다!'
그때 오백만억의 모든 범천왕들이 게송으로
부처님을 찬탄하고 나서 저마다 부처님께 사뢰었느니라.
'오직 원하옵건대, 세존이시여! 법륜을 굴리시어 많은 중생들을 안락하고

다	소	도	탈		시	제	범	천	왕
多	所	度	脫		時	諸	梵	天	王
많을 다	바 소	건널 도	벗을 탈		때 시	모든 제	하늘 범	하늘 천	임금 왕

이	설	게	언		세	존	전	법	륜
而	說	偈	言		世	尊	轉	法	輪
말이을 이	말씀 설	게송 게	말씀 언		세상 세	높을 존	구를 전	법 법	바퀴 륜

격	감	로	법	고	도	고	뇌	중
擊	甘	露	法	鼓	度	苦	惱	衆
칠 격	달 감	이슬 로	법 법	북 고	건널 도	괴로울 고	괴로워할 뇌	무리 중

생		개	시	열	반	도		유	원
生		開	示	涅	槃	道		唯	願
날 생		열 개	보일 시	개흙 열	쟁반 반	길 도		오직 유	원할 원

수	아	청		이	대	미	묘	음
受	我	請		以	大	微	妙	音
받을 수	나 아	청할 청		써 이	큰 대	작을 미	묘할 묘	소리 음

해탈케 하옵소서!' 당시 상방의 모든 범천왕들이 게송으로 말씀드리기를,
'세존이시여! 법륜 굴리시고 감로의 법고를 치시어
고통 받는 중생들 제도하사 열반의 길을 열어 보여 주시옵소서!
부디 저희들 간청을 받아 주시어 부처님의 크고 훌륭하신 음성으로써

애	민	이	부	연		무	량	겁	습
哀	愍	而	敷	演		無	量	劫	習
슬플 애	가엾을 민	말 이을 이	펼 부	펼 연		없을 무	헤아릴 량	겁 겁	익힐 습

법		이	시		대	통	지	승	여
法		爾	時		大	通	智	勝	如
법 법		그 이	때 시		큰 대	통할 통	슬기 지	수승할 승	같을 여

래		수	시	방		제	범	천	왕
來		受	十	方		諸	梵	天	王
올 래		받을 수	열 십(시)	방위 방		모든 제	하늘 범	하늘 천	임금 왕

급	십	육	왕	자	청		즉	시	삼
及	十	六	王	子	請		卽	時	三
및 급	열 십	여섯 육	임금 왕	아들 자	청할 청		곧 즉	때 시	석 삼

전		십	이	행	법	륜		약	사
轉		十	二	行	法	輪		若	沙
구를 전		열 십	두 이	행할 행	법 법	바퀴 륜		만약 약	모래 사

중생을 가엾이 여기사 한량없는 겁 동안 익히신 법을 가르쳐 주시옵소서!'
그때 대통지승 여래께서는 시방의 모든 범천왕들과
열여섯 왕자들의 청을 받으시어, 사제의 가르침을
세 차례 굴려서 열두 가지 수행의 법륜을 설하셨느니라.

문	바	라	문		약	천	마	범
門	婆	羅	門		若	天	魔	梵
문문	할미 파(바)	새그물 라	문문		만약 약	하늘 천	마귀 마	하늘 범

급	여	세	간		소	불	능	전
及	餘	世	間		所	不	能	轉
및 급	남을 여	세상 세	사이 간		바 소	아닐 불	능할 능	구를 전

위	시	고		시	고	집		시	고
謂	是	苦		是	苦	集		是	苦
이를 위	이 시	괴로울 고		이 시	괴로울 고	모일 집		이 시	괴로울 고

멸		시	고	멸	도		급	광	설
滅		是	苦	滅	道		及	廣	說
멸할 멸		이 시	괴로울 고	멸할 멸	길 도		및 급	넓을 광	말씀 설

십	이	인	연	법		무	명	연	행
十	二	因	緣	法		無	明	緣	行
열 십	두 이	인할 인	인연 연	법 법		없을 무	밝을 명	인연 연	행할 행

이는 사문이나 바라문·하늘천신·마왕·범천 그리고 나머지 세간의 어떤 누구도
굴릴 수 없는 가르침이었느니라. 이른바 이것이 괴로움이요, 이것은 괴로움의 원인이며,
이것은 괴로움이 없어진 열반이고, 이것은 괴로움 없는 열반에 이르는 길이니라.
그리고 널리 십이인연법을 설하셨느니라. 즉 무명이 조건이 되어 행이 있게 되고,

행	연	식		식	연	명	색		명
行	緣	識		識	緣	名	色		名
행할 행	인연 연	알 식		알 식	인연 연	이름 명	빛 색		이름 명

색	연	육	입		육	입	연	촉	
色	緣	六	入		六	入	緣	觸	
빛 색	인연 연	여섯 육	들 입		여섯 육	들 입	인연 연	닿을 촉	

촉	연	수		수	연	애		애	연
觸	緣	受		受	緣	愛		愛	緣
닿을 촉	인연 연	받을 수		받을 수	인연 연	사랑 애		사랑 애	인연 연

취		취	연	유		유	연	생	
取		取	緣	有		有	緣	生	
취할 취		취할 취	인연 연	있을 유		있을 유	인연 연	날 생	

생	연	노	사		우	비	고	뇌
生	緣	老	死		憂	悲	苦	惱
날 생	인연 연	늙을 노	죽을 사		근심할 우	슬플 비	괴로울 고	괴로워할 뇌

행이 조건이 되어 인식하게 되며, 인식이 조건이 되어 명색이 생기고, 명색이 조건이 되어 여섯 군데 인식기관이 생겨나며, 여섯 군데 인식기관이 조건이 되어 접촉하게 되고, 접촉이 조건이 되어 느낌이 생기며, 느낌이 조건이 되어 갈애가 생기고, 갈애가 조건이 되어 집착이 생기며, 집착이 조건이 되어 생존에 대한 본능이 생기게 되고, 생존에 대한 본능이 조건이 되어 태어나게 되며, 태어남이 조건이 되어 늙고 죽음으로 인한 근심과 슬픔 등 갖가지

무	명	멸	즉	행	멸		행	멸	즉
無	明	滅	則	行	滅		行	滅	則
없을무	밝을명	멸할멸	곧즉	행할행	멸할멸		행할행	멸할멸	곧즉

식	멸		식	멸	즉	명	색	멸	
識	滅		識	滅	則	名	色	滅	
알식	멸할멸		알식	멸할멸	곧즉	이름명	빛색	멸할멸	

명	색	멸	즉	육	입	멸		육	입
名	色	滅	則	六	入	滅		六	入
이름명	빛색	멸할멸	곧즉	여섯육	들입	멸할멸		여섯육	들입

멸	즉	촉	멸		촉	멸	즉	수	멸
滅	則	觸	滅		觸	滅	則	受	滅
멸할멸	곧즉	닿을촉	멸할멸		닿을촉	멸할멸	곧즉	받을수	멸할멸

수	멸	즉	애	멸		애	멸	즉	취
受	滅	則	愛	滅		愛	滅	則	取
받을수	멸할멸	곧즉	사랑애	멸할멸		사랑애	멸할멸	곧즉	취할취

고통들이 생겨나게 되느니라.
따라서 무명이 없어지면 곧 행이 사라지고, 행이 없어지면 인식이 사라지며, 인식이 없어지면 명색이 사라지고, 명색이 없어지면 여섯 군데 인식기관이 사라지며, 여섯 군데 인식기관이 없어지면 접촉이 사라지고, 접촉이 없어지면 느낌이 사라지며, 느낌이 없어지면 갈애가 사라지고, 갈애가 없어지면 집착이 사라지며,

멸		취	멸	즉	유	멸		유	멸
滅		取	滅	則	有	滅		有	滅
멸할 멸		취할 취	멸할 멸	곧 즉	있을 유	멸할 멸		있을 유	멸할 멸

즉	생	멸		생	멸	즉		노	사
則	生	滅		生	滅	則		老	死
곧 즉	날 생	멸할 멸		날 생	멸할 멸	곧 즉		늙을 노	죽을 사

우	비	고	뇌	멸		불	어	천	인
憂	悲	苦	惱	滅		佛	於	天	人
근심할 우	슬플 비	괴로울 고	괴로워할 뇌	멸할 멸		부처 불	어조사 어	하늘 천	사람 인

대	중	지	중		설	시	법	시	
大	衆	之	中		說	是	法	時	
큰 대	무리 중	어조사 지	가운데 중		말씀 설	이 시	법 법	때 시	

육	백	만	억		나	유	타	인	
六	百	萬	億		那	由	他	人	
여섯 육	일백 백	일만 만	억 억		어찌 나	말미암을 유	다를 타	사람 인	

집착이 없어지면 생존에 대한 본능이 사라지고, 생존에 대한 본능이 없어지면 태어남이 사라지며,
태어남이 없어지면 늙고 죽음으로 인한 근심과 슬픔 등 온갖 고통들이 사라지게 되느니라.
대통지승 부처님께서 하늘천신과 인간 대중 가운데에서
이 가르침을 연설하셨을 때에, 육백만억 나유타 사람들이

이	불	수	일	체	법	고		이	어
以	不	受	一	切	法	故		而	於
써이	아닐불	받을수	한일	모두체	법법	연고고		말이을이	어조사어

제	루		심	득	해	탈		개	득
諸	漏		心	得	解	脫		皆	得
모든제	샐루		마음심	얻을득	풀해	벗을탈		다개	얻을득

심	묘	선	정		삼	명	육	통
深	妙	禪	定		三	明	六	通
깊을심	묘할묘	고요할선	선정정		석삼	밝을명	여섯육	통할통

구	팔	해	탈		제	이	제	삼
具	八	解	脫		第	二	第	三
갖출구	여덟팔	풀해	벗을탈		차례제	두이	차례제	석삼

제	사	설	법	시		천	만	억	항
第	四	說	法	時		千	萬	億	恒
차례제	넉사	말씀설	법법	때시		일천천	일만만	억억	항상항

일체 세간법에 영향을 받지 않았기에 모든 번뇌에서
마음이 해탈하게 되었느니라. 그래서 모두 깊고 미묘한 선정과
삼명과 육신통을 얻었고 팔해탈을 구족하였느니라.
두 번째와 세 번째 그리고 네 번째 설법하셨을 때에도, 천만억

하	사		나	유	타	등	중	생
河	沙		那	由	他	等	衆	生
물 하	모래 사		어찌 나	말미암을 유	다를 타	무리 등	무리 중	날 생

역	이	불	수	일	체	법	고		이
亦	以	不	受	一	切	法	故		而
또 역	써 이	아닐 불	받을 수	한 일	모두 체	법 법	연고 고		말이을 이

어	제	루		심	득	해	탈		종
於	諸	漏		心	得	解	脫		從
어조사 어	모든 제	샐 루		마음 심	얻을 득	풀 해	벗을 탈		좇을 종

시	이	후		제	성	문	중		무
是	已	後		諸	聲	聞	衆		無
이 시	이미 이	뒤 후		모든 제	소리 성	들을 문	무리 중		없을 무

량	무	변		불	가	칭	수		이
量	無	邊		不	可	稱	數		爾
헤아릴 량	없을 무	가 변		아닐 불	가히 가	헤아릴 칭	셀 수		그 이

항하의 모래알처럼 많은 나유타 중생들이 역시 일체 세간법에
영향을 받지 않았기에 모든 번뇌에서 마음이 해탈하였느니라.
그 후로도 해탈한 모든 성문대중들은 한량없고 그지없어
이루 다 헤아릴 수 없을 정도였느니라.

시		십	육	왕	자		개	이	동
時		十	六	王	子		皆	以	童
때 시		열 십	여섯 육	임금 왕	아들 자		다 개	써 이	아이 동

자	출	가		이	위	사	미		제
子	出	家		而	爲	沙	彌		諸
아들 자	날 출	집 가		말이을 이	할 위	모래 사	두루찰 미		모든 제

근	통	리		지	혜	명	료		이
根	通	利		智	慧	明	了		已
뿌리 근	통할 통	날카로울 리		슬기 지	지혜 혜	밝을 명	깨달을 료		이미 이

증	공	양		백	천	만	억	제	불
曾	供	養		百	千	萬	億	諸	佛
일찍 증	이바지할 공	기를 양		일백 백	일천 천	일만 만	억 억	모든 제	부처 불

정	수	범	행		구	아	뇩	다	라
淨	修	梵	行		求	阿	耨	多	羅
깨끗할 정	닦을 수	깨끗할 범	행할 행		구할 구	언덕 아	김맬 누(뇩)	많을 다	새그물 라

그때 열여섯 명의 왕자들이 모두 동자로서 출가하여 사미가 되었는데,
모든 근기가 총명하고 영리하였으며 지혜가 밝았느니라.
그들은 이미 옛날부터 백천만억 분의 부처님들께 공양하였고,
깨끗이 범행을 닦아 아뇩다라삼먁삼보리를 구했었느니라.

삼	먁	삼	보	리		구	백	블	언
三	藐	三	菩	提		俱	白	佛	言
석 삼	아득할 먁(막)	석 삼	보리 보	끝 제(리)		함께 구	사뢸 백	부처 불	말씀 언

세	존		시	제	무	량	천	만	억
世	尊		是	諸	無	量	千	萬	億
세상 세	높을 존		이 시	모든 제	없을 무	헤아릴 량	일천 천	일만 만	억 억

대	덕	성	문		개	이	성	취	
大	德	聲	聞		皆	已	成	就	
큰 대	덕 덕	소리 성	들을 문		다 개	이미 이	이룰 성	이룰 취	

세	존		역	당	위	아	등		설
世	尊		亦	當	爲	我	等		說
세상 세	높을 존		또 역	마땅히 당	위할 위	나 아	무리 등		말씀 설

아	뇩	다	라	삼	먁	삼	보	리	법
阿	耨	多	羅	三	藐	三	菩	提	法
언덕 아	김맬 누(뇩)	많을 다	새그물 라	석 삼	아득할 먁(막)	석 삼	보리 보	끝 제(리)	법 법

그 열여섯 명의 사미들이 함께 부처님께 사뢰었느니라.
'세존이시여! 이 한량없는 천만억의 덕 높은 성문제자들이 벌써 다 법을 성취하였나이다.
세존이시여! 그러하오니 또한 마땅히 저희들을 위하여
아뇩다라삼먁삼보리법을 가르쳐 주시옵소서!

아	등	문	이		개	공	수	학
我	等	聞	已		皆	共	修	學
나아	무리등	들을문	마칠이		다개	함께공	닦을수	배울학

세	존		아	등	지	원		여	래
世	尊		我	等	志	願		如	來
세상세	높을존		나아	무리등	뜻지	원할원		같을여	올래

지	견		심	심	소	념		불	자
知	見		深	心	所	念		佛	自
알지	볼견		깊을심	마음심	바소	생각할념		부처불	스스로자

증	지		이	시		전	륜	성	왕
證	知		爾	時		轉	輪	聖	王
증득할증	알지		그이	때시		구를전	바퀴륜	성인성	임금왕

소	장	중	중		팔	만	억	인
所	將	衆	中		八	萬	億	人
바소	거느릴장	무리중	가운데중		여덟팔	일만만	억억	사람인

저희들이 듣고 나면 다 같이 세존의 가르침을 열심히 닦고 배울 것입니다.
세존이시여! 저희들은 마음으로 간절히 여래의 지혜를 원하옵나이다.
부처님께서는 저희들이 마음속 깊이 생각하는 바에 대해 더 잘 아시지 않습니까?'
당시 전륜성왕이 데리고 왔던 대중 가운데 팔만억이나 되는 사람들이

견	십	육	왕	자	출	가		역	구
見	十	六	王	子	出	家		亦	求
볼 견	열 십	여섯 육	임금 왕	아들 자	날 출	집 가		또 역	구할 구

출	가		왕	즉	청	허		이	시
出	家		王	卽	聽	許		爾	時
날 출	집 가		임금 왕	곧 즉	들을 청	허락할 허		그 이	때 시

피	불		수	사	미	청		과	이
彼	佛		受	沙	彌	請		過	二
저 피	부처 불		받을 수	모래 사	두루찰 미	청할 청		지날 과	두 이

만	겁	이		내	어	사	중	지	중
萬	劫	已		乃	於	四	衆	之	中
일만 만	겁 겁	마칠 이		이에 내	어조사 어	넉 사	무리 중	어조사 지	가운데 중

설	시	대	승	경		명	묘	법	연
說	是	大	乘	經		名	妙	法	蓮
말씀 설	이 시	큰 대	탈 승	경 경		이름 명	묘할 묘	법 법	연꽃 연

> 열여섯 왕자들이 모두 출가하는 것을 보고, 따라서 출가하고자 하였느니라.
> 이에 전륜성왕은 곧 그들의 출가를 허락하였느니라.
> 그때 대통지승 부처님께서 사미들의 청을 받고, 이만 겁이 지난 뒤에
> 사부대중 가운데에서 대승경을 설하시니 이름을 묘법연화경이라 하였느니라.

화		교	보	살	법		불	소	호
華		敎	菩	薩	法		佛	所	護
꽃 화		가르칠 교	보리 보	보살 살	법 법		부처 불	바 소	보호할 호

념		설	시	경	이		십	육	사
念		說	是	經	已		十	六	沙
생각할 념		말씀 설	이 시	경 경	마칠 이		열 십	여섯 육	모래 사

미		위	아	뇩	다	라	삼	막	삼
彌		爲	阿	耨	多	羅	三	藐	三
두루찰 미		위할 위	언덕 아	김맬 누(뇩)	많을 다	새그물 라	석 삼	아득할 막(먁)	석 삼

보	리	고		개	공	수	지		풍
菩	提	故		皆	共	受	持		諷
보리 보	끝 제(리)	연고 고		다 개	함께 공	받을 수	가질 지		외울 풍

송	통	리		설	시	경	시		십
誦	通	利		說	是	經	時		十
외울 송	통할 통	통할 리		말씀 설	이 시	경 경	때 시		열 십

이 경은 보살들을 가르치는 법으로, 부처님께서 호념하시는 바이니라.
부처님께서 경을 다 설하시고 나자, 열여섯 명의 사미들은 아뇩다라삼먁삼보리를 위하여
다 같이 법화경을 받아 지니고 읽고 외워서 통달하였느니라.
대통지승 부처님께서 이 법화경을 설하셨을 때에

육	보	살	사	미		개	실	신	수
六	菩	薩	沙	彌		皆	悉	信	受
여섯 육	보리 보	보살 살	모래 사	두루찰 미		다 개	다 실	믿을 신	받을 수

성	문	중	중		역	유	신	해
聲	聞	衆	中		亦	有	信	解
소리 성	들을 문	무리 중	가운데 중		또 역	있을 유	믿을 신	풀 해

기	여	중	생		천	만	억	종
其	餘	衆	生		千	萬	億	種
그 기	남을 여	무리 중	날 생		일천 천	일만 만	억 억	종류 종

개	생	의	혹		불	설	시	경
皆	生	疑	惑		佛	說	是	經
다 개	날 생	의심할 의	미혹할 혹		부처 불	말씀 설	이 시	경 경

어	팔	천	겁		미	증	휴	폐
於	八	千	劫		未	曾	休	廢
어조사 어	여덟 팔	일천 천	겁 겁		아닐 미	일찍 증	쉴 휴	폐할 폐

열여섯 명의 보살경지에 오른 사미들이 모두 가르침을 믿고 받아들였으며,
성문대중에서도 믿고 이해하는 사람들이 더러 있었느니라.
그렇지만 나머지 다른 천만억 무리의 중생들은 모두 의심을 품었느니라.
대통지승 부처님께서는 이 묘법연화경을 팔천 겁 동안이나 설하시며 잠시도 쉬지 않으셨느니라.

설	차	경	이		즉	입	정	실	
說	此	經	已		即	入	靜	室	
말씀설	이차	경경	마칠이		곧즉	들입	고요할정	집실	

주	어	선	정		팔	만	사	천	겁
住	於	禪	定		八	萬	四	千	劫
머물주	어조사어	고요할선	선정정		여덟팔	일만만	넉사	일천천	겁겁

시	시		십	육	보	살	사	미	
是	時		十	六	菩	薩	沙	彌	
이시	때시		열십	여섯육	보리보	보살살	모래사	두루찰미	

지	불	입	실		적	연	선	정	
知	佛	入	室		寂	然	禪	定	
알지	부처불	들입	집실		고요할적	그러할연	고요할선	선정정	

각	승	법	좌		역	어	팔	만	사
各	昇	法	座		亦	於	八	萬	四
각각각	오를승	법법	자리좌		또역	어조사어	여덟팔	일만만	넉사

이윽고 부처님께서 경전을 다 설하신 다음, 고요한 방에 들어가시어
팔만사천 겁 동안을 선정에 머무셨느니라. 그 당시 보살경지에 오른
열여섯 명의 사미들은 부처님께서 방에 들어가시어 고요히 선정에 드신 것을 알고는,
각각 법좌에 올라가 역시 팔만사천 겁 동안

천	겁		위	사	부	중		광	설
千	劫		爲	四	部	衆		廣	說
일천 천	겁 겁		위할 위	넉 사	나눌 부	무리 중		넓을 광	말씀 설

분	별		묘	법	화	경		일	일
分	別		妙	法	華	經		一	一
나눌 분	나눌 별		묘할 묘	법 법	꽃 화	경 경		한 일	한 일

개	도		육	백	만	억	나	유	타
皆	度		六	百	萬	億	那	由	他
다 개	건널 도		여섯 육	일백 백	일만 만	억 억	어찌 나	말미암을 유	다를 타

항	하	사	등	중	생		시	교	리
恒	河	沙	等	衆	生		示	敎	利
항상 항	물 하	모래 사	무리 등	무리 중	날 생		보일 시	가르칠 교	이로울 리

희		영	발	아	뇩	다	라	삼	먁
喜		令	發	阿	耨	多	羅	三	藐
기쁠 희		하여금 영	필 발	언덕 아	김맬 누(뇩)	많을 다	새그물 라	석 삼	아득할 막(먁)

사부대중을 위해 묘법연화경을 자세히 해설하고 분별하였느니라.
그래서 보살 한 분마다 모두 똑같이 육백만억 나유타 항하의 모래알처럼
많은 중생들을 제도하고 가르쳐서 이롭고 기쁘게 하였으며,
그들로 하여금 위없이 높고 바른 깨달음을

삼	보	리	심		대	통	지	승	불
三	菩	提	心		大	通	智	勝	佛
석 삼	보리 보	끌 제(리)	마음 심		큰 대	통할 통	슬기 지	수승할 승	부처 불

과	팔	만	사	천	겁	이		종	삼
過	八	萬	四	千	劫	已		從	三
지날 과	여덟 팔	일만 만	넉 사	일천 천	겁 겁	마칠 이		좇을 종	석 삼

매	기		왕	예	법	좌		안	상
昧	起		往	詣	法	座		安	詳
어두울 매	일어날 기		갈 왕	이를 예	법 법	자리 좌		편안할 안	자세할 상

이	좌		보	고	대	중		시	십
而	坐		普	告	大	衆		是	十
말 이을 이	앉을 좌		널리 보	알릴 고	큰 대	무리 중		이 시	열 십

육	보	살	사	미		심	위	희	유
六	菩	薩	沙	彌		甚	爲	希	有
여섯 육	보리 보	보살 살	모래 사	두루찰 미		심할 심	할 위	드물 희	있을 유

이루고자 하는 마음을 내도록 하였느니라.
대통지승 부처님께서 팔만사천 겁이 지난 다음
삼매로부터 일어나시어 법좌에 편안히 앉으시자마자 말씀하시기를,
'이 열여섯 명의 보살사미들은 참으로 희유하니라.

제	근	통	리		지	혜	명	료
諸	根	通	利		智	慧	明	了
모든 제	뿌리 근	통할 통	날카로울 리		슬기 지	지혜 혜	밝을 명	깨달을 료

이	증	공	양		무	량	천	만	억
已	曾	供	養		無	量	千	萬	億
이미 이	일찍 증	이바지할 공	기를 양		없을 무	헤아릴 량	일천 천	일만 만	억 억

수	제	불		어	제	불	소		상
數	諸	佛		於	諸	佛	所		常
셀 수	모든 제	부처 불		어조사 어	모든 제	부처 불	곳 소		항상 상

수	범	행		수	지	불	지		개
修	梵	行		受	持	佛	智		開
닦을 수	깨끗할 범	행할 행		받을 수	가질 지	부처 불	슬기 지		열 개

시	중	생		영	입	기	중		여
示	衆	生		令	入	其	中		汝
보일 시	무리 중	날 생		하여금 영	들 입	그 기	가운데 중		너 여

모든 근기가 총명하고 영리하며 지혜가 밝을 뿐만 아니라,
이미 한량없는 천만억 수의 모든 부처님들께 공양하였느니라. 그리고
모든 부처님들 처소에서 항상 범행을 닦아 부처님의 지혜를 받아 간직하였으며,
중생들에게 지혜를 열어 보여 그 가운데 들어가도록 인도했느니라.

등		개	당	삭	삭	친	근		이
等		皆	當	數	數	親	近		而
무리등		다개	마땅히당	자주삭	자주삭	친할친	가까울근		말이을이

공	양	지		소	이	자	하		약
供	養	之		所	以	者	何		若
이바지할공	기를양	어조사지		바소	써이	놈자	어찌하		만약약

성	문	벽	지	불		급	제	보	살
聲	聞	辟	支	佛		及	諸	菩	薩
소리성	들을문	임금벽	지탱할지	부처불		및급	모든제	보리보	보살살

능	신	시	십	육	보	살		소	설
能	信	是	十	六	菩	薩		所	說
능할능	믿을신	이시	열십	여섯육	보리보	보살살		바소	말씀설

경	법		수	지	불	훼	자		시
經	法		受	持	不	毁	者		是
경경	법법		받을수	가질지	아닐불	헐훼	놈자		이시

그러므로 너희들은 마땅히 자주 친근히 모시며 공양드려야 하느니라.
왜냐하면 성문이나 벽지불 그리고 보살들이
열여섯 명의 보살사미들이 설하는 경전의 가르침을
믿고 받아 지니어 훼방하지 않는다면,

인	개	당	득		아	뇩	다	라	삼
人	皆	當	得		阿	耨	多	羅	三
사람 인	다 개	마땅히 당	얻을 득		언덕 아	김맬누(뇩)	많을 다	새그물 라	석 삼

먁	삼	보	리		여	래	지	혜
藐	三	菩	提		如	來	之	慧
아득할 먁(먁)	석 삼	보리 보	끌 제(리)		같을 여	올 래	어조사 지	지혜 혜

불	고	제	비	구		시	십	육	보
佛	告	諸	比	丘		是	十	六	菩
부처 불	알릴 고	모든 제	견줄 비	언덕 구		이 시	열 십	여섯 육	보리 보

살		상	락	설	시		묘	법	연
薩		常	樂	說	是		妙	法	蓮
보살 살		항상 상	즐길 락	말씀 설	이 시		묘할 묘	법 법	연꽃 연

화	경		일	일	보	살	소	화
華	經		一	一	菩	薩	所	化
꽃 화	경 경		한 일	한 일	보리 보	보살 살	바 소	화할 화

모두 마땅히 아뇩다라삼먁삼보리 곧 여래의 지혜를 얻을 수 있기 때문이니라.'
하고 널리 대중들에게 이르셨느니라." 석가모니 부처님께서 모든 비구들에게 다시 이르시었다.
"그 열여섯 명의 보살들은 항상 이 묘법연화경 설하기를 좋아하여,
보살 한 분마다 교화한 중생들이

육	백	만	억	나	유	타		항	하
六	百	萬	億	那	由	他		恒	河
여섯 육	일백 백	일만 만	억 억	어찌 나	말미암을유	다를 타		항상 항	물 하

사	등	중	생		세	세	소	생	
沙	等	衆	生		世	世	所	生	
모래 사	무리 등	무리 중	날 생		세상 세	세상 세	바 소	날 생	

여	보	살	구		종	기	문	법	
與	菩	薩	俱		從	其	聞	法	
더불어 여	보리 보	보살 살	함께 구		좇을 종	그 기	들을 문	법 법	

실	개	신	해		이	차	인	연	
悉	皆	信	解		以	此	因	緣	
다 실	다 개	믿을 신	풀 해		써 이	이 차	인할 인	인연 연	

득	치	사	만	억		제	불	세	존
得	値	四	萬	億		諸	佛	世	尊
얻을 득	만날 치	넉 사	일만 만	억 억		모든 제	부처 불	세상 세	높을 존

육백만억 나유타 항하의 모래알처럼 많은 중생들이었느니라.
그 중생들은 모두 세세생생 태어날 적마다 보살사미들과 함께 태어나서,
그 보살들로부터 법을 듣고 모두 다 가르침을 믿고 이해하였느니라.
이러한 인연으로써 사만억 분의 여러 부처님 세존을 만나 뵈었으며,

우	금	부	진		제	비	구		아
于	今	不	盡		諸	比	丘		我
어조사 우	이제 금	아닐 부	다할 진		모든 제	견줄 비	언덕 구		나 아

금	어	여		피	불	제	자		십
今	語	汝		彼	佛	弟	子		十
이제 금	말씀 어	너 여		저 피	부처 불	아우 제	아들 자		열 십

육	사	미		금	개	득	아	뇩	다
六	沙	彌		今	皆	得	阿	耨	多
여섯 육	모래 사	두루찰 미		이제 금	다 개	얻을 득	언덕 아	김맬누(뇩)	많을 다

라	삼	먁	삼	보	리		어	시	방
羅	三	藐	三	菩	提		於	十	方
새그물 라	석 삼	아득할 먁(막)	석 삼	보리 보	끌 제(리)		어조사 어	열 십(시)	방위 방

국	토		현	재	설	법		유	무
國	土		現	在	說	法		有	無
나라 국	흙 토		지금 현	있을 재	말씀 설	법 법		있을 유	없을 무

지금까지도 아직 그 인연이 다하지 않았느니라. 모든 비구들아!
내가 이제 너희들에게 이르건대, 대통지승 부처님의 제자
열여섯 명의 사미들이 지금은 모두 아뇩다라삼먁삼보리를 얻었느니라.
그리하여 시방세계에서 현재에도 계속 설법하고 계시며,

량	백	천	만	억		보	살	성	문
量	百	千	萬	億		菩	薩	聲	聞
헤아릴 량	일백 백	일천 천	일만 만	억 억		보리 보	보살 살	소리 성	들을 문

이	위	권	속		기	이	사	미	
以	爲	眷	屬		其	二	沙	彌	
써 이	할 위	돌아볼 권	무리 속		그 기	두 이	모래 사	두루찰 미	

동	방	작	불		일	명	아	촉	
東	方	作	佛		一	名	阿	閦	
동녘 동	방위 방	지을 작	부처 불		한 일	이름 명	언덕 아	무리 축(촉)	

재	환	희	국		이	명	수	미	정
在	歡	喜	國		二	名	須	彌	頂
있을 재	기쁠 환	기쁠 희	나라 국		두 이	이름 명	모름지기 수	두루찰 미	정수리 정

동	남	방	이	불		일	명	사	자
東	南	方	二	佛		一	名	師	子
동녘 동	남녘 남	방위 방	두 이	부처 불		한 일	이름 명	스승 사	아들 자

> 한량없는 백천만억 보살들과 성문들을 권속으로 삼고 계시느니라.
> 그 가운데 두 사미가 동방에서 부처님이 되셨으니,
> 한 분은 환희세계의 아촉불이시며 다른 한 분은 수미정불이시니라.
> 동남방에서도 두 사미가 부처님이 되셨으니, 한 분은 사자음불이시고

음		이	명	사	자	상		남	방
音		二	名	師	子	相		南	方
소리 음		두 이	이름 명	스승 사	아들 자	모양 상		남녘 남	방위 방

이	불		일	명	허	공	주		이
二	佛		一	名	虛	空	住		二
두 이	부처 불		한 일	이름 명	빌 허	빌 공	머물 주		두 이

명	상	멸		서	남	방	이	불	
名	常	滅		西	南	方	二	佛	
이름 명	항상 상	멸할 멸		서녘 서	남녘 남	방위 방	두 이	부처 불	

일	명	제	상		이	명	범	상	
一	名	帝	相		二	名	梵	相	
한 일	이름 명	임금 제	모양 상		두 이	이름 명	깨끗할 범	모양 상	

서	방	이	불		일	명	아	미	타
西	方	二	佛		一	名	阿	彌	陀
서녘 서	방위 방	두 이	부처 불		한 일	이름 명	언덕 아	두루찰 미	비탈질 타

다른 한 분은 사자상불이시니라. 남방에서도 두 사미가 부처님이 되셨으니,
한 분은 허공주불이시고 다른 한 분은 상멸불이시니라.
서남방에서도 두 사미가 부처님이 되셨으니, 한 분은 제상불이시고 다른 한 분은 범상불이시니라.
서방에서도 두 사미가 부처님이 되셨으니, 한 분은 아미타불이시고

이	명	도	일	체	세	간	고	뇌
二	名	度	一	切	世	間	苦	惱
두 이	이름 명	건널 도	한 일	모두 체	세상 세	사이 간	괴로울 고	괴로워할 뇌

서	북	방	이	불		일	명	다	마
西	北	方	二	佛		一	名	多	摩
서녘 서	북녘 북	방위 방	두 이	부처 불		한 일	이름 명	많을 다	갈 마

라	발	전	단	향	신	통		이	명
羅	跋	栴	檀	香	神	通		二	名
새그물 라	밟을 발	단향목 전	단향목 단	향기 향	신통할 신	통할 통		두 이	이름 명

수	미	상		북	방	이	불		일
須	彌	相		北	方	二	佛		一
모름지기 수	두루찰 미	모양 상		북녘 북	방위 방	두 이	부처 불		한 일

명	운	자	재		이	명	운	자	재
名	雲	自	在		二	名	雲	自	在
이름 명	구름 운	스스로 자	있을 재		두 이	이름 명	구름 운	스스로 자	있을 재

다른 한 분은 도일체세간고뇌불이시니라. 서북방에서도 두 사미가 부처님이 되셨으니,
한 분은 다마라발전단향신통불이시고 다른 한 분은 수미상불이시니라.
북방에서도 두 사미가 부처님이 되셨으니,
한 분은 운자재불이시고 다른 한 분은 운자재왕불이시니라.

왕		동	북	방	불		명	괴	일
王		東	北	方	佛		名	壞	一
임금 왕		동녘 동	북녘 북	방위 방	부처 불		이름 명	무너질 괴	한 일

체	세	간	포	외		제	십	육	아
切	世	間	怖	畏		第	十	六	我
모두 체	세상 세	사이 간	두려워할 포	두려워할 외		차례 제	열 십	여섯 육	나 아

석	가	모	니	불		어	사	바	국
釋	迦	牟	尼	佛		於	娑	婆	國
풀 석	막을 가	소우는모리모	여승 니	부처 불		어조사 어	춤출 사	할미 파(바)	나라 국

토		성	아	뇩	다	라	삼	막	삼
土		成	阿	耨	多	羅	三	藐	三
흙 토		이룰 성	언덕 아	김맬 누(뇩)	많을 다	새그물 라	석 삼	아득할 막(먁)	석 삼

보	리		제	비	구		아	등	위
菩	提		諸	比	丘		我	等	爲
보리 보	끌 제(리)		모든 제	견줄 비	언덕 구		나 아	무리 등	할 위

그리고 동북방에서 부처님 되신 분은 괴일체세간포외불이시고,
열여섯 번째 부처님은 바로 나 석가모니불로
사바세계에서 아뇩다라삼먁삼보리를 이루었느니라.
모든 비구들아!

사	미	시		각	각	교	화		무
沙	彌	時		各	各	敎	化		無
모래 사	두루찰 미	때 시		각각 각	각각 각	가르칠 교	화할 화		없을 무

량	백	천	만	억		항	하	사	등
量	百	千	萬	億		恒	河	沙	等
헤아릴 량	일백 백	일천 천	일만 만	억 억		항상 항	물 하	모래 사	무리 등

중	생		종	아	문	법		위	아
衆	生		從	我	聞	法		爲	阿
무리 중	날 생		좇을 종	나 아	들을 문	법 법		위할 위	언덕 아

녹	다	라	삼	막	삼	보	리		차
耨	多	羅	三	藐	三	菩	提		此
김맬 누(녹)	많을 다	새그물 라	석 삼	아득할 막(먁)	석 삼	보리 보	끌 제(리)		이 차

제	중	생		우	금	유	주		성
諸	衆	生		于	今	有	住		聲
모든 제	무리 중	날 생		어조사 우	이제 금	있을 유	머물 주		소리 성

우리들이 사미로 있었을 때 각각 한량없는
백천만억 항하의 모래알처럼 수많은 중생들을 교화하였느니라.
그들은 우리들로부터 법을 듣고
아뇩다라삼먁삼보리를 이루기 위해 노력하고 있지만, 지금도

문	지	자		아	상	교	화		아
聞	地	者		我	常	敎	化		阿
들을 문	땅 지	놈 자		나 아	항상 상	가르칠 교	화할 화		언덕 아

뇩	다	라	삼	먁	삼	보	리		시
耨	多	羅	三	藐	三	菩	提		是
김맬 누(뇩)	많을 다	새그물 라	석 삼	아득할 막(먁)	석 삼	보리 보	끌 제(리)		이 시

제	인	등		응	이	시	법		점
諸	人	等		應	以	是	法		漸
모든 제	사람 인	무리 등		응당히 응	써 이	이 시	법 법		점점 점

입	불	도		소	이	자	하		여
入	佛	道		所	以	者	何		如
들 입	부처 불	길 도		바 소	써 이	놈 자	어찌 하		같을 여

래	지	혜		난	신	난	해		이
來	智	慧		難	信	難	解		爾
올 래	슬기 지	지혜 혜		어려울 난	믿을 신	어려울 난	풀 해		그 이

성문지위에 머물러 있는 자들이 더러 있느니라. 그러나
우리가 항상 아뇩다라삼먁삼보리를 이루도록 교화하니,
마침내 그 사람도 응당 이 법을 통해서 천천히 불도에 들어가리라.
왜냐하면 여래의 지혜는 믿기도 어렵고 알기도 어렵기 때문이니라.

시	소	화		무	량	항	하	사	등
時	所	化		無	量	恒	河	沙	等
때 시	바 소	화할 화		없을 무	헤아릴 량	항상 항	물 하	모래 사	무리 등

중	생	자		여	등	제	비	구
衆	生	者		汝	等	諸	比	丘
무리 중	날 생	놈 자		너 여	무리 등	모든 제	견줄 비	언덕 구

급	아	멸	도	후		미	래	세	중
及	我	滅	度	後		未	來	世	中
및 급	나 아	멸할 멸	건널 도	뒤 후		아닐 미	올 래	세상 세	가운데 중

성	문	제	자		시	야		아	멸
聲	聞	弟	子		是	也		我	滅
소리 성	들을 문	아우 제	아들 자		이 시	어조사 야		나 아	멸할 멸

도	후		부	유	제	자		불	문
度	後		復	有	弟	子		不	聞
건널 도	뒤 후		다시 부	있을 유	아우 제	아들 자		아닐 불	들을 문

그때 교화 받았던 한량없는 항하의 모래알처럼 많은 중생들은
지금 너희 비구들과 내가 열반한 뒤
미래 세상의 성문제자들이니라.
그런데도 내가 열반한 뒤에 어떤 제자는

시	경		부	지	불	각		보	살
是	經		不	知	不	覺		菩	薩
이 시	경 경		아닐 부	알 지	아닐 불	깨달을 각		보리 보	보살 살

소	행		자	어	소	득	공	덕
所	行		自	於	所	得	功	德
바 소	행할 행		스스로 자	어조사 어	바 소	얻을 득	공 공	덕 덕

생	멸	도	상		당	입	열	반
生	滅	度	想		當	入	涅	槃
날 생	멸할 멸	건널 도	생각 상		마땅히 당	들 입	개흙 열	쟁반 반

아	어	여	국	작	불		갱	유	이
我	於	餘	國	作	佛		更	有	異
나 아	어조사 어	남을 여	나라 국	지을 작	부처 불		다시 갱	있을 유	다를 이

명		시	인		수	생	멸	도	지
名		是	人		雖	生	滅	度	之
이름 명		이 시	사람 인		비록 수	날 생	멸할 멸	건널 도	어조사 지

이 법화경을 듣지 못해 보살이 닦아야 할 바를 알아차리거나 깨닫지 못한 채,
스스로 얻은 공덕에 대하여 멸도라는 관념 속에서 열반에 들고자 할 것이니라.
그러면 나는 다른 세계에서 또 다른 이름을 가지고 성불하리라.
그래서 비록 그 사람이 멸도라는 관념 속에서

상		입	어	열	반		이	어	피
想		入	於	涅	槃		而	於	彼
생각 상		들 입	어조사 어	개흙 열	쟁반 반		말이을 이	어조사 어	저 피

토		구	불	지	혜		득	문	시
土		求	佛	智	慧		得	聞	是
흙 토		구할 구	부처 불	슬기 지	지혜 혜		얻을 득	들을 문	이 시

경		유	이	불	승		이	득	멸
經		唯	以	佛	乘		而	得	滅
경 경		오직 유	써 이	부처 불	탈 승		말이을 이	얻을 득	멸할 멸

도		갱	무	여	승		제	제	여
度		更	無	餘	乘		除	諸	如
건널 도		다시 갱	없을 무	남을 여	탈 승		제할 제	모든 제	같을 여

래		방	편	설	법		제	비	구
來		方	便	說	法		諸	比	丘
올 래		처방 방	편할 편	말씀 설	법 법		모든 제	견줄 비	언덕 구

열반에 들었을지라도, 다른 세계에서 부처님의 지혜를 구하여 이 묘법연화경을 듣게 하리라.
이를테면 '오직 일불승만이 멸도를 얻게 하며 다른 승으로는 멸도를 얻게 할 수 없도다.
하지만 모든 여래께서 방편으로 설법하신 것만은 예외니라.' 라는 법문을 들으리라.
모든 비구들아!

약	여	래	자	지		열	반	시	도
若	如	來	自	知		涅	槃	時	到
만약 약	같을 여	올 래	스스로 자	알 지		개흙 열	쟁반 반	때 시	이를 도

중	우	청	정		신	해	견	고
衆	又	清	淨		信	解	堅	固
무리 중	또 우	맑을 청	깨끗할 정		믿을 신	풀 해	굳을 견	굳을 고

요	달	공	법		심	입	선	정
了	達	空	法		深	入	禪	定
깨달을 요	통달할 달	빌 공	법 법		깊을 심	들 입	고요할 선	선정 정

변	집	제	보	살		급	성	문	중
便	集	諸	菩	薩		及	聲	聞	衆
문득 변	모일 집	모든 제	보리 보	보살 살		및 급	소리 성	들을 문	무리 중

위	설	시	경		세	간	무	유	이
爲	說	是	經		世	間	無	有	二
위할 위	말씀 설	이 시	경 경		세상 세	사이 간	없을 무	있을 유	두 이

만약 여래께서 스스로 열반하실 때가 되셨고, 대중들 또한 청정하여 이해하고
믿는 마음이 견고하며 공의 가르침을 통달해서 선정이 상당히 깊어진 것을
파악하시게 되면 말이다. 그러면 문득 여래께서는 모든 보살들과 성문들을 모아놓고,
그들을 위하여 이 묘법연화경을 설하시느니라. 즉 '세상에서

승		이	득	멸	도		유	일	불
乘		而	得	滅	度		唯	一	佛
탈승		말이을 이	얻을 득	멸할 멸	건널 도		오직 유	한 일	부처 불

승		득	멸	도	이		비	구	당
乘		得	滅	度	耳		比	丘	當
탈승		얻을 득	멸할 멸	건널 도	어조사 이		견줄 비	언덕 구	마땅히 당

지		여	래	방	편		심	입	중
知		如	來	方	便		深	入	衆
알 지		같을 여	올 래	처방 방	편할 편		깊을 심	들 입	무리 중

생	지	성		지	기	지	락	소	법
生	之	性		知	其	志	樂	小	法
날 생	어조사 지	성품 성		알 지	그 기	뜻 지	즐길 락	작을 소	법 법

심	착	오	욕		위	시	등	고	
深	著	五	欲		爲	是	等	故	
깊을 심	잡을 착	다섯 오	욕심 욕		위할 위	이 시	무리 등	연고 고	

이승으로는 절대로 멸도를 얻을 수 없으며, 오직 일불승만이라야 멸도를 얻게 할 수 있느니라.'
라고 말씀하시느니라. 비구들아, 마땅히 잘 유념해야 하느니라. 여래는 방편으로
중생들의 성품 가운데 깊이 들어가, 중생들이 마음으로 소승법을 좋아하고
다섯 가지 욕망에 탐착한 상태임을 알고 계시느니라. 그래서 그들을 위하여

설	어	열	반		시	인	약	문
說	於	涅	槃		是	人	若	聞
말씀 설	어조사 어	개흙 열	쟁반 반		이 시	사람 인	만약 약	들을 문

즉	변	신	수		비	여	오	백	유
則	便	信	受		譬	如	五	百	由
곧 즉	문득 변	믿을 신	받을 수		비유할 비	같을 여	다섯 오	일백 백	유순 유

순		험	난	악	도		광	절	무
旬		險	難	惡	道		曠	絶	無
유순 순		험할 험	어려울 난	악할 악	길 도		멀 광	끊을 절	없을 무

인		포	외	지	처		약	유	다
人		怖	畏	之	處		若	有	多
사람 인		두려워할 포	두려워할 외	어조사 지	곳 처		만약 약	있을 유	많을 다

중		욕	과	차	도		지	진	보
衆		欲	過	此	道		至	珍	寶
무리 중		하고자할 욕	지날 과	이 차	길 도		이를 지	보배 진	보배 보

일부러 열반을 설했던 것인데, 어리석은 사람들이 그걸 듣고는
진짜 열반으로 믿고 받아들였던 것이니라. 가령 오백 유순이나 되는 험난한 악도에
인적마저 끊기어 겁나고 무시무시한 밀림이 있다고 하자. 그런데 많은 대중들이
그 길을 지나서 진귀한 보물이 있는 곳으로 가려고 하는데,

처 處 곳 처		유 有 있을 유	일 一 한 일	도 導 이끌 도	사 師 스승 사		총 聰 귀밝을 총	혜 慧 지혜 혜	명 明 밝을 명
달 達 통달할 달		선 善 착할 선	지 知 알 지	험 險 험할 험	도 道 길 도		통 通 통할 통	색 塞 막힐 색	지 之 어조사 지
상 相 모양 상		장 將 거느릴 장	도 導 이끌 도	중 衆 무리 중	인 人 사람 인		욕 欲 하고자할 욕	과 過 지날 과	차 此 이 차
난 難 어려울 난		소 所 바 소	장 將 거느릴 장	인 人 사람 인	중 衆 무리 중		중 中 가운데 중	로 路 길 로	해 懈 게으를 해
퇴 退 물러날 퇴		백 白 사뢸 백	도 導 이끌 도	사 師 스승 사	언 言 말씀 언		아 我 나 아	등 等 무리 등	피 疲 지칠 피

> 마침 한 인도자가 있었느니라. 그는 총명한 지혜로 밝게 꿰뚫어보아
> 밀림 속 험한 길의 막히고 통하는 사정까지 잘 살피며, 여러 사람들을 거느리고
> 그 어려운 곳을 지나가고 있었느니라. 그런데 따라가던 사람들이 중도에
> 하도 지치고 싫증이 나서 인도자에게 말하기를, '저희들은 너무 피곤하고

극		이	부	포	외		불	능	부
極		而	復	怖	畏		不	能	復
다할 극		말 이을 이	다시 부	두려워할 포	두려워할 외		아닐 불	능할 능	다시 부

진		전	로	유	원		금	욕	퇴
進		前	路	猶	遠		今	欲	退
나아갈 진		앞 전	길 로	오히려 유	멀 원		이제 금	하고자할 욕	물러날 퇴

환		도	사		다	제	방	편
還		導	師		多	諸	方	便
돌아갈 환		이끌 도	스승 사		많을 다	모든 제	처방 방	편할 편

이	작	시	념		차	등	가	민
而	作	是	念		此	等	可	愍
말 이을 이	지을 작	이 시	생각 념		이 차	무리 등	가히 가	가엾을 민

운	하	사	대	진	보		이	욕	퇴
云	何	捨	大	珍	寶		而	欲	退
이를 운	어찌 하	버릴 사	큰 대	보배 진	보배 보		말 이을 이	하고자할 욕	물러날 퇴

게다가 겁나고 두렵기까지 해서, 더 이상 한 발짝도 앞으로 나갈 수 없습니다.
더욱이 아직 가야 할 길은 멀기만 하니, 이제 그만 되돌아가는 것이 좋겠습니다.'
여러 가지 방편을 많이 갖고 있던 인도자는 이렇게 생각하였느니라.
'참으로 불쌍한 사람들이로다! 어찌하여 크고도 진귀한 보배를 버리고 되돌아가려고 생각한단 말인가!'

환 還 돌아갈 환		작 作 지을 작	시 是 이 시	념 念 생각 념	이 已 마칠 이		이 以 써 이	방 方 처방 방	편 便 편할 편
력 力 힘 력		어 於 어조사 어	험 險 험할 험	도 道 길 도	중 中 가운데 중		과 過 지날 과	삼 三 석 삼	백 百 일백 백
유 由 유순 유	순 旬 유순 순	화 化 화할 화	작 作 지을 작	일 一 한 일	성 城 성 성		고 告 알릴 고		중 衆 무리 중
인 人 사람 인	언 言 말씀 언	여 汝 너 여	등 等 무리 등	물 勿 말 물	포 怖 두려워할 포		막 莫 말 막		득 得 얻을 득
퇴 退 물러날 퇴	환 還 돌아갈 환	금 今 이제 금	차 此 이 차	대 大 큰 대	성 城 성 성		가 可 가히 가		어 於 어조사 어

이렇게 생각하고는 방편의 힘으로써 험난한 길 가운데
삼백 유순 정도 떨어진 곳에다, 한 성곽을 변화로 지어놓고
여러 사람들에게 말하였느니라. '여러분! 두려워하지 말고,
되돌아가지 마십시오! 이제 저기 큰 성에서

중	지		수	의	소	작		약	입
中	止		隨	意	所	作		若	入
가운데 중	그칠 지		따를 수	뜻 의	바 소	지을 작		만약 약	들 입

시	성		쾌	득	안	은		약	능
是	城		快	得	安	隱		若	能
이 시	성 성		쾌할 쾌	얻을 득	편안할 안	편안할 은		만약 약	능할 능

전	지	보	소		역	가	득	거	
前	至	寶	所		亦	可	得	去	
앞 전	이를 지	보배 보	곳 소		또 역	가히 가	얻을 득	갈 거	

시	시		피	극	지	중		심	대
是	時		疲	極	之	眾		心	大
이 시	때 시		지칠 피	다할 극	어조사 지	무리 중		마음 심	큰 대

환	희		탄	미	증	유		아	등
歡	喜		歎	未	曾	有		我	等
기쁠 환	기쁠 희		찬탄할 탄	아닐 미	일찍 증	있을 유		나 아	무리 등

잠시 멈추어 쉬고 싶은 만큼 마음껏 쉬세요! 저 성에 들어가면 아주 즐겁고 안락하답니다.
그러다 만일 아까처럼 앞에 있는 보물섬에 가고자 하면 또 언제든 다시 가면 되는 것이구요.'
당시 피로에 지쳐 있던 사람들은 마음으로 크게 환희하며,
일찍이 없던 희유한 일이라 찬탄하였느니라.

금	자		면	사	악	도		쾌	득
今	者		免	斯	惡	道		快	得
이제 금	놈 자		면할 면	이 사	악할 악	길 도		쾌할 쾌	얻을 득

안	은		어	시	중	인		전	입
安	隱		於	是	衆	人		前	入
편안할 안	편안할 은		어조사 어	이 시	무리 중	사람 인		앞 전	들 입

화	성		생	이	도	상		생	안
化	城		生	已	度	想		生	安
화할 화	성 성		날 생	이미 이	건널 도	생각 상		날 생	편안할 안

은	상		이	시	도	사		지	차
隱	想		爾	時	導	師		知	此
편안할 은	생각 상		그 이	때 시	이끌 도	스승 사		알 지	이 차

인	중		기	득	지	식		무	부
人	衆		旣	得	止	息		無	復
사람 인	무리 중		이미 기	얻을 득	그칠 지	쉴 식		없을 무	다시 부

'우리들은 이제 지긋지긋한 악도를 벗어나서 즐거운 안락을 얻게 되었도다!'
이리하여 대중들은 눈앞에 있는 변화로 된 성 안으로 들어가게 되었는데,
이미 밀림을 다 벗어나서 최종 목적지에 도착했다고 생각하며 안심하였느니라.
그때 인도자는 사람들이 푹 쉬어서 더 이상 피로하지 않은 상태가 되었음을 살핀 다음,

피	권		즉	멸	화	성		어	중
疲	惓		卽	滅	化	城		語	衆
지칠 피	싫증날 권		곧 즉	멸할 멸	화할 화	성 성		말씀 어	무리 중

인	언		여	등	거	래		보	처
人	言		汝	等	去	來		寶	處
사람 인	말씀 언		너 여	무리 등	갈 거	올 래		보배 보	곳 처

재	근		향	자	대	성		아	소
在	近		向	者	大	城		我	所
있을 재	가까울 근		접때 향	놈 자	큰 대	성 성		나 아	바 소

화	작		위	지	식	이		제	비
化	作		爲	止	息	耳		諸	比
화할 화	지을 작		위할 위	그칠 지	쉴 식	어조사 이		모든 제	견줄 비

구		여	래		역	부	여	시
丘		如	來		亦	復	如	是
언덕 구		같을 여	올 래		또 역	다시 부	같을 여	이 시

> 곧 변화로 만든 성을 없애버리고 여러 사람들에게 말하였느니라.
> '여러분, 어서 갑시다! 조금만 가면 보물섬이 나옵니다. 아까 그큰 성은
> 진짜가 아니라 내가 변화로 만들었던 것입니다. 여러분들을 쉬어가게 하기 위해서
> 거짓으로 만들었던 것입니다.' 모든 비구들아! 여래도 또한 이와 같아서

금 今 이제금	위 爲 위할위	여 汝 너여	등 等 무리등		작 作 지을작	대 大 큰대	도 導 이끌도	사 師 스승사
지 知 알지	제 諸 모든제	생 生 날생	사 死 죽을사		번 煩 괴로워할번	뇌 惱 괴로워할뇌	악 惡 악할악	도 道 길도
험 險 험할험	난 難 어려울난	장 長 길장	원 遠 멀원		응 應 응당히응	거 去 갈거	응 應 응당히응	도 度 건널도
약 若 만약약	중 衆 무리중	생 生 날생		단 但 다만단	문 聞 들을문	일 一 한일	불 佛 부처불	승 乘 탈승	자 者 놈자
즉 則 곧즉	불 不 아닐불	욕 欲 하고자할욕	견 見 볼견	불 佛 부처불		불 不 아닐불	욕 欲 하고자할욕	친 親 친할친	근 近 가까울근

지금 너희들을 위하여 큰 인도자가 되었느니라. 그리하여 생사번뇌의 험악한 길들이
참으로 험난하기도 하고 멀기도 하지만, 반드시 통과해야만 하고 건너야만 하는 길임을
익히 알고 있느니라. 그런데 만약 중생이 다만 일불승의 가르침만 듣게 된다면
너무 어려워 부처님을 뵈려고 하거나 아예 가까이 모시려고도 하지 않은 채

변	작	시	념		불	도	장	원
便	作	是	念		佛	道	長	遠
문득 변	지을 작	이 시	생각 념		부처 불	길 도	길 장	멀 원

구	수	근	고		내	가	득	성
久	受	懃	苦		乃	可	得	成
오랠 구	받을 수	은근할 근	괴로울 고		이에 내	가히 가	얻을 득	이룰 성

불	지	시	심		겁	약	하	열
佛	知	是	心		怯	弱	下	劣
부처 불	알 지	이 시	마음 심		겁낼 겁	약할 약	아래 하	용렬할 열

이	방	편	력		이	어	중	도
以	方	便	力		而	於	中	道
써 이	처방 방	편할 편	힘 력		말 이을 이	어조사 어	가운데 중	길 도

위	지	식	고		설	이	열	반
爲	止	息	故		說	二	涅	槃
위할 위	그칠 지	쉴 식	연고 고		말씀 설	두 이	개흙 열	쟁반 반

단순히 생각하기를, '불도는 멀고멀어서 오랫동안 고행을 해야만 부처님이 될 수 있나보다.'
하고 지레 겁을 먹어서 쉽게 포기하고 말 것이니라.
부처님께서는 중생들 마음이 겁 많고 나약하며 하열함을 아시고, 방편의 힘으로써
중도에 쉬게 하기 위해 일부러 이승의 두 가지 열반 경지를 설하느니라.

약	중	생		주	어	이	지		여
若	衆	生		住	於	二	地		如
만약약	무리중	날생		머물주	어조사어	두이	땅지		같을여

래	이	시		즉	변	위	설		여
來	爾	時		即	便	爲	說		汝
올래	그이	때시		곧즉	문득변	위할위	말씀설		너여

등		소	작	미	판		여	소	주
等		所	作	未	辦		汝	所	住
무리등		바소	지을작	아닐미	이룰판		너여	바소	머물주

지		근	어	불	혜		당	관	찰
地		近	於	佛	慧		當	觀	察
땅지		가까울근	어조사어	부처불	지혜혜		마땅히당	볼관	살필찰

주	량		소	득	열	반		비	진
籌	量		所	得	涅	槃		非	眞
셀주	헤아릴량		바소	얻을득	개흙열	쟁반반		아닐비	참진

그러다 만일 중생이 이승의 열반 경지에 오르게 되면 여래는 그때가
되어서야 말하느니라. '너희들은 아직 할 일을 다하지 못하였도다.
너희들이 머물러 있는 경지는 부처님 지혜에 근접하기는 했으나,
아직 좀 더 관찰하고 헤아려야만 하느니라. 너희들이 얻은 열반은

실	야		단	시	여	래		방	편
實	也		但	是	如	來		方	便
진실 실	어조사 야		다만 단	이 시	같을 여	올 래		처방 방	편할 편

지	력		어	일	불	승		분	별
之	力		於	一	佛	乘		分	別
어조사 지	힘 력		어조사 어	한 일	부처 불	탈 승		나눌 분	나눌 별

설	삼		여	피	도	사		위	지
說	三		如	彼	導	師		爲	止
말씀 설	석 삼		같을 여	저 피	이끌 도	스승 사		위할 위	그칠 지

식	고		화	작	대	성		기	지
息	故		化	作	大	城		旣	知
쉴 식	연고 고		화할 화	지을 작	큰 대	성 성		이미 기	알 지

식	이		이	고	지	언		보	처
息	已		而	告	之	言		寶	處
쉴 식	마칠 이		말이을 이	알릴 고	어조사 지	말씀 언		보배 보	곳 처

진실한 열반이 아니고, 다만 여래가 방편력으로
일불승을 분별하여 삼승으로 설했던 것이니라.'
마치 저 인도자가 쉽게 하려고 큰 성을 변화로 만들었다가,
휴식이 끝난 것을 알고는 '보물이 아주 가까이 있어요.

재	근		차	성	비	실		아	화
在	近		此	城	非	實		我	化
있을 재	가까울 근		이 차	성 성	아닐 비	진실 실		나 아	화할 화

작	이		이	시	세	존		욕	중
作	耳		爾	時	世	尊		欲	重
지을 작	어조사 이		그 이	때 시	세상 세	높을 존		하고자할 욕	거듭할 중

선	차	의		이	설	게	언		대
宣	此	義		而	說	偈	言		大
베풀 선	이 차	의미 의		말이을 이	말씀 설	게송 게	말씀 언		큰 대

통	지	승	불		십	겁	좌	도	량
通	智	勝	佛		十	劫	坐	道	場
통할 통	슬기 지	수승할 승	부처 불		열 십	겁 겁	앉을 좌	길 도	마당 장(량)

불	법	불	현	전		부	득	성	불
佛	法	不	現	前		不	得	成	佛
부처 불	법 법	아닐 불	나타날 현	앞 전		아닐 부	얻을 득	이룰 성	부처 불

이 성은 실재 있는 것이 아니고 내가 변화로 만들었을 따름이지요.' 라고 한 것과 같으니라."
그때 세존께서 거듭 의미를 표현하시고자 게송으로 말씀하셨다.

  대통지승 부처님 십 겁 동안 도량에 앉으셨으나
  부처님 법이 앞에 나타나지 않아서 불도를 이루지 못하셨도다.

도		제	천	신	용	왕		아	수
道		諸	天	神	龍	王		阿	修
길도		모든 제	하늘 천	귀신 신	용 용	임금 왕		언덕 아	닦을 수

라	중	등		상	우	어	천	화
羅	衆	等		常	雨	於	天	華
새그물 라	무리 중	무리 등		항상 상	비 우	어조사 어	하늘 천	꽃 화

이	공	양	피	불		제	천	격	천
以	供	養	彼	佛		諸	天	擊	天
써 이	이바지할 공	기를 양	저 피	부처 불		모든 제	하늘 천	칠 격	하늘 천

고		병	작	중	기	악		향	풍
鼓		幷	作	衆	伎	樂		香	風
북 고		아우를 병	지을 작	무리 중	재주 기	풍류 악		향기 향	바람 풍

취	위	화		갱	우	신	호	자
吹	萎	華		更	雨	新	好	者
불 취	마를 위	꽃 화		다시 갱	비 우	새 신	좋을 호	놈 자

> 모든 하늘천신과 용왕 아수라 대중들
> 항상 하늘꽃을 가지고 꽃비 내려서 그분께 공양 올렸으며,
> 천신들은 하늘북을 두둥둥~ 올리고 여러 가지 악기들을 연주함은 물론,
> 향기로운 바람이 시든 꽃을 날려버리고 갓 피어난 고운 꽃잎을 흩날렸도다.

과	십	소	겁	이		내	득	성	불
過	十	小	劫	已		乃	得	成	佛
지날과	열십	작을소	겁겁	마칠이		이에내	얻을득	이룰성	부처불

도		제	천	급	세	인		심	개
道		諸	天	及	世	人		心	皆
길도		모든제	하늘천	및급	세상세	사람인		마음심	다개

회	용	약		피	불	십	육	자	
懷	踊	躍		彼	佛	十	六	子	
품을회	뛸용	뛸약		저피	부처불	열십	여섯육	아들자	

개	여	기	권	속		천	만	억	위
皆	與	其	眷	屬		千	萬	億	圍
다개	더불어여	그기	돌아볼권	무리속		일천천	일만만	억억	두를위

요		구	행	지	불	소		두	면
繞		俱	行	至	佛	所		頭	面
두를요		함께구	갈행	이를지	부처불	곳소		머리두	낯면

그렇게 십 소겁이 지나고 나서야 불도를 이루셨으니
모든 하늘천신과 세상 사람들 마음으로 뛸 듯이 다 함께 기뻐했도다.
대통지승 부처님의 열여섯 왕자들이 천만억 권속들에게 둘러싸인 채
부처님 계신 데 이르러 머리 숙여

예	불	족		이	청	전	법	륜
禮	佛	足		而	請	轉	法	輪
예도 예	부처 불	발 족		말 이을 이	청할 청	구를 전	법 법	바퀴 륜

성	사	자	법	우		충	아	급	일
聖	師	子	法	雨		充	我	及	一
성인 성	스승 사	아들 자	법 법	비 우		찰 충	나 아	및 급	한 일

체		세	존	심	난	치		구	원
切		世	尊	甚	難	値		久	遠
모두 체		세상 세	높을 존	심할 심	어려울 난	만날 치		오랠 구	멀 원

시	일	현		위	각	오	군	생
時	一	現		爲	覺	悟	群	生
때 시	한 일	나타날 현		위할 위	깨달을 각	깨달을 오	무리 군	날 생

진	동	어	일	체		동	방	제	세
震	動	於	一	切		東	方	諸	世
진동할 진	움직일 동	어조사 어	한 일	모두 체		동녘 동	방위 방	모든 제	세상 세

> 부처님 발에 예배하고 법륜을 굴려달라고 간청하기를,
> '거룩하신 스승님! 법비를 내리시어 저희들과 일체 중생들을 충만케 하옵소서!'
> 세존 뵈옵기 심히 어려워 오랜 세월 지난 뒤에야 한 번 나타나시며
> 뭇 중생들 깨닫게 하기 위하여 일체를 진동시키시거늘, 동방으로

계		오	백	만	억	국		범	궁
界		五	百	萬	億	國		梵	宮
지경 계		다섯 오	일백 백	일만 만	억 억	나라 국		하늘 범	집 궁

전	광	요		석	소	미	증	유
殿	光	曜		昔	所	未	曾	有
궁전 전	빛 광	빛날 요		옛 석	바 소	아닐 미	일찍 증	있을 유

제	범	견	차	상		심	래	지	불
諸	梵	見	此	相		尋	來	至	佛
모든 제	하늘 범	볼 견	이 차	모양 상		찾을 심	올 래	이를 지	부처 불

소		산	화	이	공	양		병	봉
所		散	花	以	供	養		幷	奉
곳 소		흩을 산	꽃 화	써 이	이바지할 공	기를 양		아우를 병	받들 봉

상	궁	전		청	불	전	법	륜
上	宮	殿		請	佛	轉	法	輪
올릴 상	집 궁	궁전 전		청할 청	부처 불	구를 전	법 법	바퀴 륜

오백만억 많은 세계 범천의 궁전마다 광명이 비치되 예전에 없이 찬란한지라.
동방의 모든 범천왕들 이 상서로움 보고 찾아나서
마침내 대통지승 부처님 계신 데 이르러 꽃을 뿌려 공양하며
궁전도 받들어 올리고, 부처님께 법륜 굴려주시기를 간청하며

이	게	이	찬	탄		불	지	시	미
以	偈	而	讚	歎		佛	知	時	未
써 이	게송 게	말이을 이	칭찬할 찬	찬탄할 탄		부처 불	알 지	때 시	아닐 미

지		수	청	묵	연	좌		삼	방
至		受	請	黙	然	坐		三	方
이를 지		받을 수	청할 청	묵묵할 묵	그러할 연	앉을 좌		석 삼	방위 방

급	사	유		상	하	역	부	이	
及	四	維		上	下	亦	復	爾	
및 급	넉 사	모퉁이 유		위 상	아래 하	또 역	다시 부	그 이	

산	화	봉	궁	전		청	불	전	법
散	花	奉	宮	殿		請	佛	轉	法
흩을 산	꽃 화	받들 봉	집 궁	궁전 전		청할 청	부처 불	구를 전	법 법

륜		세	존	심	난	치		원	이
輪		世	尊	甚	難	値		願	以
바퀴 륜		세상 세	높을 존	심할 심	어려울 난	만날 치		원할 원	써 이

> 게송으로 찬탄하였으나 부처님께서는 아직 때가 되지 않았음을 아시고
> 청을 받으신 채 말없이 앉아 계셨도다. 남방 서방 북방의 세 방위와 네 간방과
> 상방 하방의 모든 범천왕들도 마찬가지로 꽃을 뿌려 공양하고 궁전을 받들어 올리며
> 부처님께 법륜 굴려주시기를 간청하되, '세존이시여! 만나 뵙기 심히 어려우니 원하옵건대

대	자	비		광	개	감	로	문
大	慈	悲		廣	開	甘	露	門
큰 대	사랑 자	슬플 비		넓을 광	열 개	달 감	이슬 로	문 문

전	무	상	법	륜		무	량	혜	세
轉	無	上	法	輪		無	量	慧	世
구를 전	없을 무	위 상	법 법	바퀴 륜		없을 무	헤아릴 량	지혜 혜	세상 세

존		수	피	중	인	청		위	선
尊		受	彼	衆	人	請		爲	宣
높을 존		받을 수	저 피	무리 중	사람 인	청할 청		위할 위	베풀 선

종	종	법		사	제	십	이	연
種	種	法		四	諦	十	二	緣
종류 종	종류 종	법 법		넉 사	진리 제	열 십	두 이	인연 연

무	명	지	노	사		개	종	생	연
無	明	至	老	死		皆	從	生	緣
없을 무	밝을 명	이를 지	늙을 노	죽을 사		다 개	좇을 종	날 생	인연 연

본래의 대자비로써 널리 감로문을 여시고 위없이 높은 법륜 굴리어 설법해 주시옵소서!'
한량없는 지혜의 세존께서 그 많은 여러 대중들의 청을 받으시자
그들을 위해 갖가지 가르침들 곧 사제와 십이인연법 펼치시기를,
'무명에서 노사에 이르기까지 다 생으로부터 인연하여 있는 것이니,

유		여	시	중	과	환		여	등
有		如	是	衆	過	患		汝	等
있을 유		같을 여	이 시	무리 중	허물 과	근심 환		너 여	무리 등

응	당	지		선	창	시	법	시
應	當	知		宣	暢	是	法	時
응당히 응	마땅히 당	알 지		베풀 선	펼 창	이 시	법 법	때 시

육	백	만	억	해		득	진	제	고
六	百	萬	億	姟		得	盡	諸	苦
여섯 육	일백 백	일만 만	억 억	백조 해		얻을 득	다할 진	모든 제	괴로울 고

제		개	성	아	라	한		제	이
際		皆	成	阿	羅	漢		第	二
가 제		다 개	이룰 성	언덕 아	새그물 라	한수 한		차례 제	두 이

설	법	시		천	만	항	사	중
說	法	時		千	萬	恒	沙	衆
말씀 설	법 법	때 시		일천 천	일만 만	항상 항	모래 사	무리 중

이와 같은 여러 근심과 우환에 대해 너희들은 응당히 잘 알아야 하느니라.'
이 법문 연설하실 때 육백만억해의 엄청난 대중들이
모든 괴로움 다 여의고 아라한이 되었으며,
두 번째 설법하실 때에도 천만 항하의 모래알처럼 많은 대중들이

어	제	법	불	수		역	득	아	라
於	諸	法	不	受		亦	得	阿	羅
어조사 어	모든 제	법 법	아닐 불	받을 수		또 역	얻을 득	언덕 아	새그물 라

한		종	시	후	득	도		기	수
漢		從	是	後	得	道		其	數
한수 한		좇을 종	이 시	뒤 후	얻을 득	길 도		그 기	셀 수

무	유	량		만	억	겁	산	수
無	有	量		萬	億	劫	算	數
없을 무	있을 유	헤아릴 량		일만 만	억 억	겁 겁	셀 산	셀 수

불	능	득	기	변		시	십	육	왕
不	能	得	其	邊		時	十	六	王
아닐 불	능할 능	얻을 득	그 기	가 변		때 시	열 십	여섯 육	임금 왕

자		출	가	작	사	미		개	공
子		出	家	作	沙	彌		皆	共
아들 자		날 출	집 가	지을 작	모래 사	두루찰 미		다 개	함께 공

> 일체 세간법에 물들지 아니하매 또한 아라한을 얻었고,
> 나중에 도를 얻은 이들까지 거론하자면 그 수효 참으로 한량없어
> 설사 만억 겁 동안을 헤아리더라도 그 끝을 알 수 없을 만큼 많았도다.
> 당시 열여섯 명의 왕자들 출가해서 사미가 되어 모두 함께

청	피	불		연	설	대	승	법
請	彼	佛		演	說	大	乘	法
청할 청	저 피	부처 불		펼 연	말씀 설	큰 대	탈 승	법 법

아	등	급	영	종		개	당	성	불
我	等	及	營	從		皆	當	成	佛
나 아	무리 등	및 급	경영할 영	좇을 종		다 개	마땅히 당	이룰 성	부처 불

도		원	득	여	세	존		혜	안
道		願	得	如	世	尊		慧	眼
길 도		원할 원	얻을 득	같을 여	세상 세	높을 존		지혜 혜	눈 안

제	일	정		불	지	동	자	심
第	一	淨		佛	知	童	子	心
차례 제	한 일	깨끗할 정		부처 불	알 지	아이 동	아들 자	마음 심

숙	세	지	소	행		이	무	량	인
宿	世	之	所	行		以	無	量	因
묵을 숙	세상 세	어조사 지	바 소	행할 행		써 이	없을 무	헤아릴 량	인할 인

대통지승 부처님께 지극한 마음으로 간청하되,
'대승의 가르침을 연설해 주시옵소서! 그래서 저희들과 같이 온 수행원들도
모두 마땅히 불도를 이루어 부디 세존처럼 제일 맑은 혜안을 얻어지이다!'
부처님께서 동자들의 마음을 아시고 또 지난 세상 닦았던 일들도 아시므로 한량없는 인연과

연		종	종	제	비	유		설	육
緣		種	種	諸	譬	喩		說	六
인연 연		종류 종	종류 종	모든 제	비유할 비	비유할 유		말씀 설	여섯 육

바	라	밀		급	제	신	통	사
波	羅	蜜		及	諸	神	通	事
물결 파(바)	새그물 라	꿀 밀		및 급	모든 제	신통할 신	통할 통	일 사

분	별	진	실	법		보	살	소	행
分	別	眞	實	法		菩	薩	所	行
나눌 분	나눌 별	참 진	진실 실	법 법		보리 보	보살 살	바 소	행할 행

도		설	시	법	화	경		여	항
道		說	是	法	華	經		如	恒
길 도		말씀 설	이 시	법 법	꽃 화	경 경		같을 여	항상 항

하	사	게		피	불	설	경	이
河	沙	偈		彼	佛	說	經	已
물 하	모래 사	게송 게		저 피	부처 불	말씀 설	경 경	마칠 이

여러 가지 비유로써 육바라밀과 각종 신통한 일들 말씀하셨으며,
진실한 법과 보살이 닦아야 할 도를 분별하시어
항하의 모래알처럼 수많은 게송으로 이 법화경을 설하셨도다.
대통지승 부처님께서 법화경을 다 설하신 다음

정	실	입	선	정		일	심	일	처
靜	室	入	禪	定		一	心	一	處
고요할 정	집 실	들 입	고요할 선	선정 정		한 일	마음 심	한 일	곳 처

좌		팔	만	사	천	겁		시	제
坐		八	萬	四	千	劫		是	諸
앉을 좌		여덟 팔	일만 만	넉 사	일천 천	겁 겁		이 시	모든 제

사	미	등		지	불	선	미	출	
沙	彌	等		知	佛	禪	未	出	
모래 사	두루찰 미	무리 등		알 지	부처 불	고요할 선	아닐 미	날 출	

위	무	량	억	중		설	불	무	상
爲	無	量	億	衆		說	佛	無	上
위할 위	없을 무	헤아릴 량	억 억	무리 중		말씀 설	부처 불	없을 무	위 상

혜		각	각	좌	법	좌		설	시
慧		各	各	坐	法	座		說	是
지혜 혜		각각 각	각각 각	앉을 좌	법 법	자리 좌		말씀 설	이 시

고요한 방에서 선정에 드신 채 일심으로 팔만 사천 겁 동안을
한 자리에 앉아 계시자, 그 모든 사미들은 부처님께서
선정에 드시어 나오시지 않을 것임을 알고 무량억 중생들을 위하여
위없이 높은 부처님의 지혜를 일러주었거늘, 각각 법좌에 앉아서

대	승	경		어	불	연	적	후
大	乘	經		於	佛	宴	寂	後
큰 대	탈 승	경 경		어조사 어	부처 불	편안할 연	고요할 적	뒤 후

선	양	조	법	화		일	일	사	미
宣	揚	助	法	化		一	一	沙	彌
베풀 선	드날릴 양	도울 조	법 법	화할 화		한 일	한 일	모래 사	두루찰 미

등		소	도	제	중	생		유	육
等		所	度	諸	衆	生		有	六
무리 등		바 소	건널 도	모든 제	무리 중	날 생		있을 유	여섯 육

백	만	억		항	하	사	등	중
百	萬	億		恒	河	沙	等	衆
일백 백	일만 만	억 억		항상 항	물 하	모래 사	무리 등	무리 중

피	불	멸	도	후		시	제	문	법
彼	佛	滅	度	後		是	諸	聞	法
저 피	부처 불	멸할 멸	건널 도	뒤 후		이 시	모든 제	들을 문	법 법

이 대승경전을 설하였음은 물론이고 부처님께서 고요히
입적하신 뒤에도 잘 선양하여 법으로 중생교화를 도왔도다.
그리하여 한 사미마다 똑같이 제도한 중생들 대통지승불 열반하신 뒤에
가르침 들었던 육백만억 항하의 모래알처럼 많은 무리들이

자		재	재	제	불	토		상	여
者		在	在	諸	佛	土		常	與
놈 자		있을 재	있을 재	모든 제	부처 불	흙 토		항상 상	더불어 여

사	구	생		시	십	육	사	미	
師	俱	生		是	十	六	沙	彌	
스승 사	함께 구	날 생		이 시	열 십	여섯 육	모래 사	두루찰 미	

구	족	행	불	도		금	현	재	시
具	足	行	佛	道		今	現	在	十
갖출 구	족할 족	행할 행	부처 불	길 도		이제 금	지금 현	있을 재	열 십(시)

방		각	득	성	정	각		이	시
方		各	得	成	正	覺		爾	時
방위 방		각각 각	얻을 득	이룰 성	바를 정	깨달을 각		그 이	때 시

문	법	자		각	재	제	불	소	
聞	法	者		各	在	諸	佛	所	
들을 문	법 법	놈 자		각각 각	있을 재	모든 제	부처 불	곳 소	

부처님 세계 곳곳마다 항상 스승과 같이 태어났도다.
그 열여섯 명의 사미들 불도를 구족하게 닦아
지금 현재 시방세계에서 각각 정각을 이루셨으니,
그 당시 가르침 들었던 자들도 각기 그 부처님들 처소에 있는데

기	유	주	성	문		점	교	이	불
其	有	住	聲	聞		漸	教	以	佛
그기	있을 유	머물 주	소리 성	들을 문		점점 점	가르칠 교	써 이	부처 불

도		아	재	십	육	수		증	역
道		我	在	十	六	數		曾	亦
길 도		나 아	있을 재	열 십	여섯 육	셀 수		일찍 증	또 역

위	여	설		시	고	이	방	편	
爲	汝	說		是	故	以	方	便	
위할 위	너 여	말씀 설		이 시	연고 고	써 이	처방 방	편할 편	

인	여	취	불	혜		이	시	본	인
引	汝	趣	佛	慧		以	是	本	因
끌 인	너 여	향할 취	부처 불	지혜 혜		써 이	이 시	근본 본	인할 인

연		금	설	법	화	경		영	여
緣		今	說	法	華	經		令	汝
인연 연		이제 금	말씀 설	법 법	꽃 화	경 경		하여금 영	너 여

그들 중 성문에 머물러 있는 자마저 점차 불도로써 교화되도다.
나도 열여섯 왕자 가운데 한 사람으로 또한 일찍이 너희들을 위하여 설법했나니
그러므로 방편으로써 너희들을 인도하여 부처님 지혜로 나아가게 했으며,
이런 지난 세상의 인연으로써 내 지금도 법화경을 설하여

입	불	도		신	물	회	경	구
入	佛	道		愼	勿	懷	驚	懼
들 입	부처 불	길 도		삼갈 신	말 물	품을 회	놀랄 경	두려워할 구

비	여	험	악	도		형	절	다	독
譬	如	險	惡	道		迥	絶	多	毒
비유할 비	같을 여	험할 험	악할 악	길 도		멀 형	끊을 절	많을 다	독 독

수		우	부	무	수	초		인	소
獸		又	復	無	水	草		人	所
짐승 수		또 우	다시 부	없을 무	물 수	풀 초		사람 인	바 소

포	외	처		무	수	천	만	중
怖	畏	處		無	數	千	萬	衆
두려워할 포	두려워할 외	곳 처		없을 무	셀 수	일천 천	일만 만	무리 중

욕	과	차	험	도		기	로	심	광
欲	過	此	險	道		其	路	甚	曠
하고자할 욕	지날 과	이 차	험할 험	길 도		그 기	길 로	심할 심	멀 광

너희들로 하여금 불도에 들게 하는 것이니 너무 놀라거나 두려워하지 말라.
예를 들어 어떤 인적 없고 독사와 맹수만 드글거리며 게다가 먹을 만한 물이나
채소도 아예 없는 두렵기 짝이 없는 험악한 밀림이 있다고 하자.
무수한 천만 대중들이 그 험악한 길을 지나가려는데 길이 너무 멀고 아득하여

원		경	오	백	유	순		시	유
遠		經	五	百	由	旬		時	有
멀 원		지날 경	다섯 오	일백 백	유순유	유순순		때 시	있을 유

일	도	사		강	식	유	지	혜
一	導	師		强	識	有	智	慧
한 일	이끌 도	스승 사		굳셀 강	알 식	있을 유	슬기 지	지혜 혜

명	료	심	결	정		재	험	제	중
明	了	心	決	定		在	險	濟	衆
밝을 명	깨달을 료	마음 심	결단할 결	정할 정		있을 재	험할 험	건널 제	무리 중

난		중	인	개	피	권		이	백
難		衆	人	皆	疲	倦		而	白
어려울 난		무리 중	사람 인	다 개	지칠 피	싫증날 권		말 이을 이	사뢸 백

도	사	언		아	등	금	돈	핍
導	師	言		我	等	今	頓	乏
이끌 도	스승 사	말씀 언		나 아	무리 등	이제 금	무너질 돈	가난할 핍

자그마치 오백 유순이나 되건만, 마침 당시에 한 인도자가 있어
아는 것도 많고 지혜로우며 명료하고 마음가짐이 확고하여
험한 곳에서 온갖 어려움을 극복해 나가거늘, 그런데 여러 사람들이
모두 피로하고 지쳐서 인도자에게 말하기를, '우리들은 정말 피곤해 죽겠어요.

어	차	욕	퇴	환		도	사	작	시
於	此	欲	退	還		導	師	作	是
어조사 어	이 차	하고자할 욕	물러날 퇴	돌아갈 환		이끌 도	스승 사	지을 작	이 시

념		차	배	심	가	민		여	하
念		此	輩	甚	可	愍		如	何
생각 념		이 차	무리 배	심할 심	가히 가	가엾을 민		같을 여	어찌 하

욕	퇴	환		이	실	대	진	보	
欲	退	還		而	失	大	珍	寶	
하고자할 욕	물러날 퇴	돌아갈 환		말 이을 이	잃을 실	큰 대	보배 진	보배 보	

심	시	사	방	편		당	설	신	통
尋	時	思	方	便		當	設	神	通
곧 심	때 시	생각할 사	처방 방	편할 편		마땅히 당	베풀 설	신통할 신	통할 통

력		화	작	대	성	곽		장	엄
力		化	作	大	城	郭		莊	嚴
힘 력		화할 화	지을 작	큰 대	성 성	성곽 곽		꾸밀 장	엄할 엄

> 이쯤에서 그만 되돌아가렵니다.'
> 인도자가 생각하되, '참으로 불쌍한 무리로다.
> 어찌하여 그렇게 진귀한 보배들을 포기하고 되돌아가려는가!'
> 즉시 방편을 생각하고는 마땅히 신통력을 써서 변화로 큰 성곽을 만들고

제	사	택		주	잡	유	원	림
諸	舍	宅		周	匝	有	園	林
모든 제	집 사	집 택		두루 주	돌 잡	있을 유	동산 원	수풀 림

거	류	급	욕	지		중	문	고	루
渠	流	及	浴	池		重	門	高	樓
도랑 거	흐를 류	및 급	목욕할 욕	못 지		거듭할 중	문 문	높을 고	다락 루

각		남	녀	개	충	만		즉	작
閣		男	女	皆	充	滿		卽	作
문설주 각		사내 남	여자 녀	다 개	찰 충	찰 만		곧 즉	지을 작

시	화	이		위	중	언	물	구
是	化	已		慰	衆	言	勿	懼
이 시	화할 화	마칠 이		위로할 위	무리 중	말씀 언	말 물	두려워할 구

여	등	입	차	성		각	가	수	소
汝	等	入	此	城		各	可	隨	所
너 여	무리 등	들 입	이 차	성 성		각각 각	가히 가	따를 수	바 소

모든 저택들을 훌륭하게 장엄하거니, 주위에는 정원과 숲이 빙 둘러쳐 있고
흘러가는 시냇물과 맑은 연못이며 안팎의 이중 대문과 높은 누각 위에는
남자 여자들이 잔뜩 모여 살게 하였도다. 이렇게 변화로 성을 만든 다음 대중을 위로하되,
'여러분! 이제 걱정마시고 저 성에 들어가시어 각기 쉬고 싶은 만큼 실컷 쉬세요!'

락		제	인	기	입	성		심	개
樂		諸	人	旣	入	城		心	皆
즐길 락		모든 제	사람 인	이미 기	들 입	성 성		마음 심	다 개

대	환	희		개	생	안	은	상	
大	歡	喜		皆	生	安	隱	想	
큰 대	기쁠 환	기쁠 희		다 개	날 생	편안할 안	편안할 은	생각 상	

자	위	이	득	도		도	사	지	식
自	謂	己	得	度		導	師	知	息
스스로 자	이를 위	이미 이	얻을 득	건널 도		이끌 도	스승 사	알 지	쉴 식

이		집	중	이	고	언		여	등
已		集	衆	而	告	言		汝	等
마칠 이		모일 집	무리 중	말이을 이	알릴 고	말씀 언		너 여	무리 등

당	전	진		차	시	화	성	이	
當	前	進		此	是	化	城	耳	
마땅히 당	앞 전	나아갈 진		이 차	이 시	화할 화	성 성	어조사 이	

모든 사람들 성 안으로 들어가 보니 마음이 마냥 기쁜지라
모두 편안하고 안락하게 여기며 스스로 밀림을 다 통과했다고 생각하였도다.
충분히 휴식하고 나서 인도자가 사람들을 모아놓고 이르기를,
'여러분, 이제 앞으로 조금만 더 갑시다! 이곳은 변화로 만들어진 가짜 성일 따름입니다.

아	견	여	피	극		중	로	욕	퇴
我	見	汝	疲	極		中	路	欲	退
나아	볼견	너여	지칠피	다할극		가운데중	길로	하고자할욕	물러날퇴

환		고	이	방	편	력		권	화
還		故	以	方	便	力		權	化
돌아갈환		연고고	써이	처방방	편할편	힘력		꾀할권	화할화

작	차	성		여	등	근	정	진
作	此	城		汝	等	勤	精	進
지을작	이차	성성		너여	무리등	부지런할근	정미할정	나아갈진

당	공	지	보	소		아	역	부	여
當	共	至	寶	所		我	亦	復	如
마땅히당	함께공	이를지	보배보	곳소		나아	또역	다시부	같을여

시		위	일	체	도	사		견	제
是		爲	一	切	導	師		見	諸
이시		할위	한일	모두체	이끌도	스승사		볼견	모든제

> 여러분이 하도 피곤해 하며 중도에서 되돌아가려 하기에
> 일부러 방편의 힘으로 변화시켜 이 성을 만들었답니다. 여러분, 이제
> 조금만 더 부지런히 나아간다면 틀림없이 함께 보물섬에 닿게 될 것입니다.'
> 나도 또한 그와 마찬가지로 일체 중생들의 인도자가 되어

구	도	자		중	로	이	해	폐
求	道	者		中	路	而	懈	廢
구할구	길도	놈자		가운데중	길로	말이을이	게으를해	폐할폐

불	능	도	생	사		번	뇌	제	험
不	能	度	生	死		煩	惱	諸	險
아닐불	능할능	건널도	날생	죽을사		괴로워할번	괴로워할뇌	모든제	험할험

도		고	이	방	편	력		위	식
道		故	以	方	便	力		爲	息
길도		연고고	써이	처방방	편할편	힘력		위할위	쉴식

설	열	반		언	여	등	고	멸
說	涅	槃		言	汝	等	苦	滅
말씀설	개흙열	쟁반반		말씀언	너여	무리등	괴로울고	멸할멸

소	작	개	이	판		기	지	도	열
所	作	皆	已	辦		旣	知	到	涅
바소	지을작	다개	이미이	이룰판		이미기	알지	이를도	개흙열

구도자들이 중도에 게으름피고 싫증내며 생사번뇌 험한 밀림 속을
통과하지 못하는 것을 보고는, 일부러 방편의 힘으로써 잠시 쉬게 하려고 열반을 설하되,
'너희들의 괴로움이 소멸되면 그것으로 해야 할 바를 다 마친 셈이로다!'
이윽고 너희들이 열반의 상태에 이르러

반		개	득	아	라	한		이	내
槃		皆	得	阿	羅	漢		爾	乃
쟁반 반		다 개	얻을 득	언덕 아	새그물 라	한수 한		그 이	이에 내

집	대	중		위	설	진	실	법
集	大	衆		爲	說	眞	實	法
모일 집	큰 대	무리 중		위할 위	말씀 설	참 진	진실 실	법 법

제	불	방	편	력		분	별	설	삼
諸	佛	方	便	力		分	別	說	三
모든 제	부처 불	처방 방	편할 편	힘 력		나눌 분	나눌 별	말씀 설	석 삼

승		유	유	일	불	승		식	처
乘		唯	有	一	佛	乘		息	處
탈 승		오직 유	있을 유	한 일	부처 불	탈 승		쉴 식	곳 처

고	설	이		금	위	여	설	실
故	說	二		今	爲	汝	說	實
연고 고	말씀 설	두 이		이제 금	위할 위	너 여	말씀 설	진실 실

모두들 아라한 경지에 오른 것을 알고는 비로소 이에 대중들을 모아서
진실한 법을 설하노라. 모든 부처님들께서 방편력으로 분별하여 삼승을 설하시지만,
사실은 오직 일불승만 있을 뿐인데 잠깐 쉬게 하려고 이승을 설하신 것이니라.
이제 너희들을 위하여 진실을 말하리니

여	소	득	비	멸		위	불	일	체
汝	所	得	非	滅		爲	佛	一	切
너 여	바 소	얻을 득	아닐 비	멸할 멸		위할 위	부처 불	한 일	모두 체

지		당	발	대	정	진		여	증
智		當	發	大	精	進		汝	證
슬기 지		마땅히 당	필 발	큰 대	정미할 정	나아갈 진		너 여	증득할 증

일	체	지		십	력	등	불	법	
一	切	智		十	力	等	佛	法	
한 일	모두 체	슬기 지		열 십	힘 력	무리 등	부처 불	법 법	

구	삼	십	이	상		내	시	진	실
具	三	十	二	相		乃	是	眞	實
갖출 구	석 삼	열 십	두 이	모양 상		이에 내	이 시	참 진	진실 실

멸		제	불	지	도	사		위	식
滅		諸	佛	之	導	師		爲	息
멸할 멸		모든 제	부처 불	어조사 지	이끌 도	스승 사		위할 위	쉴 식

너희들이 얻은 것은 진짜 열반이 아니로다.
그러니 부처님의 일체지를 얻기 위해서 마땅히 크게 정진하려는 마음을 낼지어다.
너희들이 일체지와 십력 등의 불법을 증득하고 삼십이상을 두루 갖추어야만
이에 참된 열반이라 할 수 있느니라. 인도자이신 모든 부처님께서는

설	열	반		기	지	시	식	이
說	涅	槃		旣	知	是	息	已
말씀 설	개흙 열	쟁반 반		이미 기	알 지	이 시	쉴 식	마칠 이

인	입	어	불	혜
引	入	於	佛	慧
끌 인	들 입	어조사 어	부처 불	지혜 혜

잠시 쉬게 하려고 이승의 열반을 설하시나,
휴식이 다 끝난 줄 알게 되면
부처님의 지혜로 이끌어 인도하시느니라.

혜조惠照 스님

공주사대 독어과 졸업 후 출가.
봉녕사 강원 졸업.
동국대학교 대학원 박사과정 수료.
대한불교조계종 총무원 문화국장 역임.
저서 및 논문으로 『우리말 법화삼부경』, 『우리말 법화경 사경』(전5권), 『행복을 부르는 법화경 사경』(전7권), 『운명을 바꾸는 법화경 사경』(전7권), 『독송용 우리말 법화경』, 『너를 위해 밝혀둔 작은 램프 하나』(시집), 『엉겅퀴 붉은 향』(시집), 「연기법에 의한 공사상과 중도론 연구」(논문) 등이 있다.

행복을 부르는 법화경 사경 3

발행일 2024년 7월 15일
옮긴이 혜조 | **펴낸이** 김시열
펴낸곳 도서출판 운주사
　　　　(02832) 서울시 성북구 동소문로 67-1 성심빌딩 3층
　　　　전화 (02) 926-8361 | **팩스** (0505) 115-8361
ISBN 978-89-5746-790-9　03220　값 10,000원
http://cafe.daum.net/unjubooks (다음 카페: 도서출판 운주사)